新潮文庫

絶対貧困

—世界リアル貧困学講義—

石井光太著

版

講義のはじめに

これから全十四回にわたって「世界リアル貧困学講義」を行いたいと思います。講義では「スラム編」「路上生活編」「売春編」と三つに分けて、そこで生きる人々の暮らしを細かく見ていくつもりです。

近年、貧困問題という言葉をあちらこちらで耳にするようになりました。アフリカの孤児、アジアの売春婦、中東の難民……テレビや新聞にはそんな言葉が溢《あふ》れています。

しかし、実際のところ、貧困といって具体的なイメージをもっている人はどれだけいるでしょうか。

おそらく路上で暮らす物乞《ものご》いを思い浮かべることはできても、彼らが誰と結婚して、どこでセックスをして、どうやって赤ん坊を産んでいるのかはご存知ないはずです。あるいは、スラムの粗末な家やテントを想像することはできると思いますが、そこで暮らす人たちがどのような境遇にあるかを知っている人はまずいませんよね。

これまで貧困問題というと、「青少年のための議論」ばかりがなされてきました。世の中の不条理が集まる汚い世界なのに清純なテーマばかりが取り上げられてきたのです。マスコミがつくり上げる「涙を浮かべる栄養失調の子供」の姿などがその象徴でしょう。

もちろん、それはそれで一つの側面として間違ってはいません。しかし、スラムだって路上だって、売春宿だって、そこで生きているのは私たちと同じ人間なのです。恋もすれば、嫉妬《しっと》もするし、自慰だって不倫だってするわけで、かならずしも涙に暮れた純粋無垢《むく》な被害者しかいないわけではないのです。

私はこれまでノンフィクションやドキュメンタリという仕事を通して、世界各国の貧困地域を訪れて、そこに住む人々と生活をともにしてきました。アジアから中東を経て、アフリカそして南米まで。ある時は物乞いと同じものを食べ、ある時は子供兵と密造酒をくみかわし、またある時は売春宿で掃除夫として働いたのです。そうすることで彼らの目線でしか見えないものを一つ一つ描いてきました。

この講義では、貧困問題の枠組みを提示しながらも、そのような実体験を踏まえて、彼らがどのように人として生活をしているのかということをご紹介していきたいと思います。眉《まゆ》をひそめるようないかがわしいことも、信じられないような悲惨なことも、思わず噴きだしてしまうような滑稽《こっけい》なこともお話しますが、そうしたことを通して貧困地域の真の状況を知っていただきたいと思っています。

また、ここでは貧しい人たちの生活を目で見てわかってもらうために、できるだけ写真や地図や図表を紹介していくつもりです。高校生や大学生など一度も海外へ行ったことのない方にも十分にわかるようにしていきたいと思っているからです。写真や体験談を通してそこで暮らす人たちの息吹《いぶき》を実感すれば、きっとみなさんの貧困に対するイメージがまったく違うものになるはずです。それは世界への見方が大きく変わるということでもあるでしょう。

さて、前置きはそろそろ終わりにして、講義をはじめましょうか。短い間ですが、これまでまったく知らなかった貧困の世界とそこで生きる人々の活力を少しでも多くお伝えできれば幸いです。

※本書では、世界の貧困社会の現実をありのままに述べています。
最貧困地域における人々の暮らしは、ハンセン病をはじめ様々な病気や障害についての誤った認識や先入観に基づいている場合が多々ありますが、ここではそうした現地の誤認も一つの事実として捉《とら》えた上で問題を直視し、記述しています。

また、文中の表現や描写に一部差別的な部分や不快ととられる点も含まれていますが、これが世界の貧困地域で現在起きている出来事であるということをお伝えするために、あえて明記しました。

目次

本文イラスト　櫻井敦子
本文写真撮影　石井光太

ロシア
アジア
ウズベキスタン
アフガニスタン
パキスタン
ネパール
ブータン
中国
北朝鮮
韓国
日本
インド
バングラデシュ
ミャンマー
ベトナム
タイ
カンボジア
フィリピン
マレーシア
シンガポール
インドネシア
スリランカ
ア海
インド洋
オーストラリア

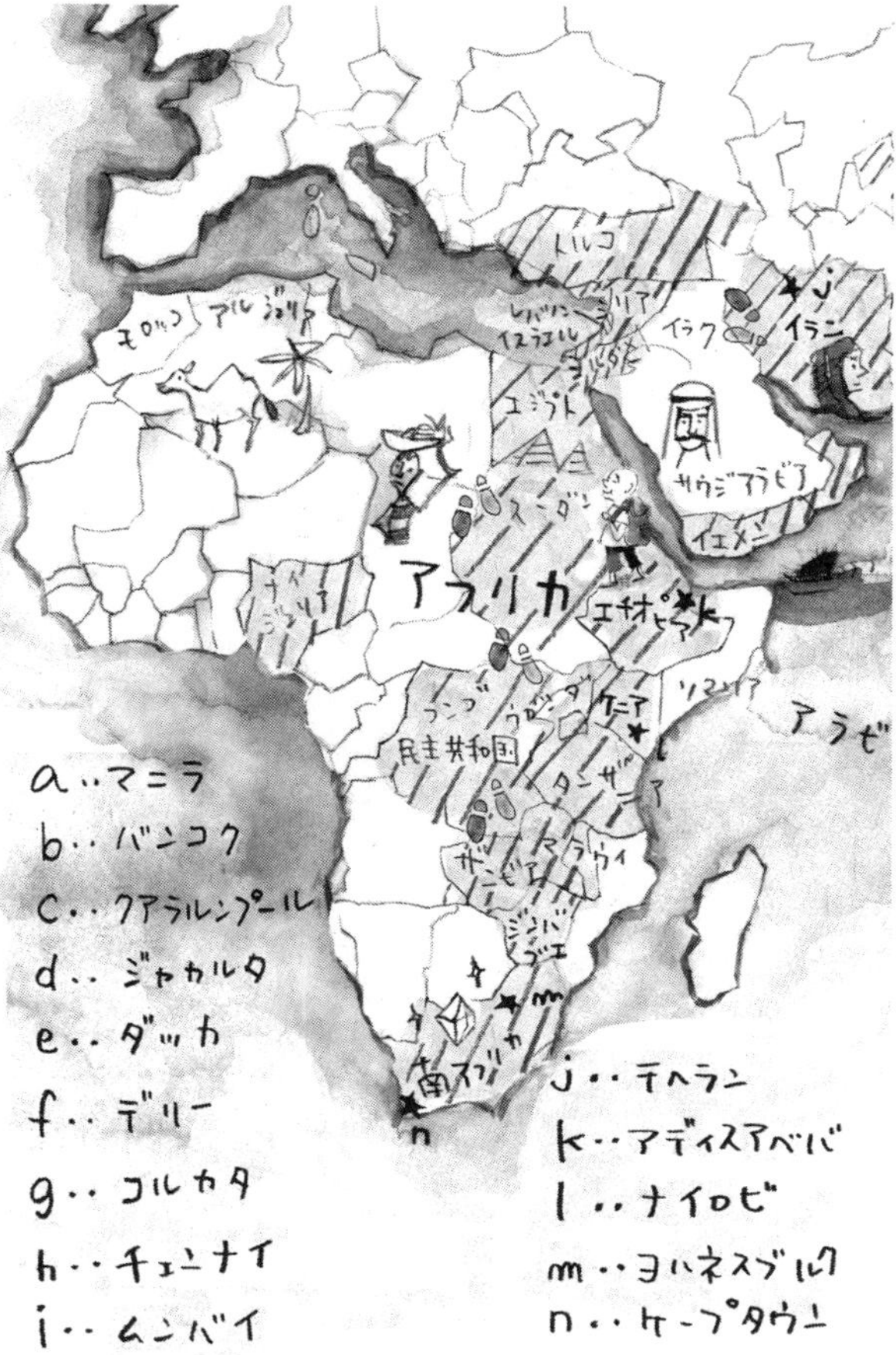

※ ////は著者がこれまでに取材したことのある場所

世界の統計

世界全体	先進国と途上国の比較
12億人（約５人に１人） １日１ドル以下で生活している人	**医者の割合** 先進国　350人につき１人 途上国　60000人につき１人
30億人（約２人に１人） １日２ドル以下で生活している人	**妊婦死亡数（10万人あたり）** 先進国　8人 途上国　450人
８億4000万人（約８人に１人） 飢餓状態にあるか、 不安定な食糧供給に依存している人	**５歳未満児死亡数（1000人あたり）** 先進国　9人 途上国　145人
８億4000万人（約８人に１人） 読み書きができない成人	**平均寿命** 先進国　約76歳 途上国　約55歳
16億人（約４人に１人） 飲料用の水が利用できない人	
８億人（約８人に１人） 保健医療サービスを受けられない人	

出典　国連開発計画（UNDP）東京事務所ホームページ

絶対貧困

——世界リアル貧困学講義——

第一部　スラム編

第一講　スラムの成り立ち

いよいよ「世界リアル貧困学講義」をはじめたいと思います。貧困を語る前に、ざっと世界の状況だけ見てみましょう。本書の冒頭12ページでご紹介した統計をご覧下さい。

今、地球には約六十七億人の人々が住んでいるといわれていますが、このうち本書のタイトルで使った「絶対貧困」と呼ばれる一ドル以下で暮らしている人は十二億人以上にのぼると推測されています。二ドル以下ですと三十億人以上。つまり、世界の半数の人たちが一日二ドル以下で暮らしている計算になるのです。

これから私たちが見ていくのは、同じ目線に立って初めて見えてくるそうした人たちの生活や考え方についてです。まずは、彼らがどういった場所で暮らしているのかということから、話をはじめていきましょう。

〔1－1〕インド・ムンバイのスラム街

スラムの成立

スラムというのは、日本語にすると「貧民街」とか「貧民窟《くつ》」となります。つまり、生活に困窮する人々が集まって暮らす貧しい地区のことです。

途上国でも、都市で一般的な住居を手に入れようとしたら月に七、八千円以上の家賃がかかってしまいます。一日に一ドルしか稼げない貧しい人々は、さらに家賃や物価の安い地区、つまりスラムへ移り住むことを余儀なくされます。ここですと、家賃は半分以下ですむのです。

途上国の都市人口において、

スラムに暮らす貧困者の割合はたいへん大きな率を占めています。実は、途上国における都市住民の三人に一人はスラムに暮らしているというデータがあるのです。たとえば、インドの商業都市ムンバイ（旧ボンベイ）には千五百万人前後の人々が暮らしていますが、郊外を含めると約百のスラムがあり、人口の五〜七割がスラムの住人だといわれています。都市においていかにスラムが大きな問題になっているかがおわかりになるかと思います。前頁の〔1－1〕の写真がその一つです。

スラムに暮らす人々のほとんどが地方の出身であるとされています。どこの国でも地方での暮らしは厳しく貧しい上に、紛争の舞台になったり、天災に見舞われたりすることが多いのです。こうしたことが重なると、ギリギリで成り立っていた生活が完全に破綻《はたん》してしまいます。

たとえば、途上国の地方の農村に暮らす人々は、日に一度の食事ができるかどうかといったギリギリの生活をしています。そんな所で飢饉《ききん》が起きれば、住民たちはまたたく間に食べていくことができなくなり、貧しい故郷を捨てて都市に出て行くことになるのです。

しかし都市へ移り住んだからといって仕事があるわけではありません。失業率の定義や明確な数値を算出することは難しいのですが、南アフリカでは失業率は三〇パーセント（黒人成人の失業率は七〇パーセント）、ジンバブエにいたっては八〇パーセントになります。アジアでもネパールなどは四〇パーセントにもなります。単純計算すれば十人中四人から八人が仕事がないのです。

こんな状況で、地方の農民が大都市にひょっこりやってきたところで職に就けるわけがありません。最初、彼らは路上で寝泊まりしますが、やがて粗末な小屋を自分たちで建てて暮らすようになります。一般にバラックと呼ばれる、トタンやベニヤ板などでできた小屋です。こうしたバラックがどんどん増えて形成された町がスラムなのです。

この推移を紹介すると次の頁の〔1－2〕のようになります。

貧しい人々は、好きな場所にバラックを建てられるわけではありません。みなさんだって、いきなり家の庭にホームレスがやってきて小屋をつくって暮らしはじめたら、びっくりして追い出すか、警察を呼ぶかしますよね。途上国でもまったく同じなのです。そこで貧しい人々は次のような追い出されない場所にバラックを建てようとします。

- **危険な場所……川べり、土手、鉄道沿い**
- **不潔な場所……ゴミ集積所、下水の溢《あふ》れる場所**

・目立たない場所……人気《ひとけ》のない街角、隔離された居住区

鉄道沿いは電車が猛スピードで行き交っているので危険であるため、貧困者たちが勝手に家を建てても追い出されにくいのです。

路上で寝る

テントハウスをつくる

バラックを建てる

〔1－2〕貧民の寝場所の推移

〔1－3〕フィリピン・マニラの鉄道沿いスラム

〔1－3〕は、フィリピンの首都マニラにある鉄道沿いのスラムです。電車がやってくるまでは、線路の上は空地のような場所としてつかわれ、洗濯物が干されたり、料理がつくられたり、水浴びの場となったりします。若いカップルなぞは線路の上に布《ふ》団《とん》を敷いて、いちゃいちゃと乳繰り合っていることがありますね。ここは君らのプライベート・ルームか、と突っ込みたくなります。

いうまでもなく、ものすごく危ない場所です。スラムを通る電車は人がいても構わずに通り抜けていきますから、ちょっとでも油断しようものなら撥《は》ね飛ばされて死んでしまいます。

そこで、大抵こうしたスラムには電車が

来る度に「電車が来るぞー」と危険を知らせる人がいるものです。ただ、こういう人は仕事でやっているわけではなく、単なる〝仕切りたがり屋〟や〝目立ちたがり屋〟なので、かなりの高確率で嫌われており、「またアイツが騒いでいるよ」ぐらいにしか思われていません。若いカップルの中にはそうやって忠告を無視して線路で夢中になってイチャついているところを撥ねられて逝ってしまう人たちもいます。どこの国でも若者の愛は「危険」に満ちたものなのです。

また、土地柄が表れるようなスラムもあります。バングラデシュの高床式スラムなんかがそれですね。

バングラデシュは国土の八割が海抜九メートル以下であるため、季節風が直撃する雨季には国土の三分の一から半分が水没してしまいます。もちろん、一般のバングラデシュ人はそのような場所に家を建てませんし、近づきもしません。逆に言えば、もしそこに貧しい人たちが家を建ててスラムをつくったとしても誰からも咎《とが》められないのです。

〔1－4〕をご覧下さい。ものすごく長い木を地面に突き刺して、その上に家をつくることで、雨季になっても水没しないようにしているのです。このような家が集まった小さな集落が「高床式スラム」なのです。

〔1－4〕バングラデシュの高床式スラム

ここに危険はないかと問われれば、やはり危険です。時々風が吹いて家が倒れてしまったり、子供が落ちてしまったりします。

私が暮らしていた時は、家で飼っていた山羊《やぎ》が床を踏み外して落っこちて死んでしまったことがありました。すると、なぜか子供たちが喜んで跳び回り「やった！　落ちた！」と歓声を上げだしました。理由を尋ねてみると、山羊が落ちて死んでしまった場合、やむを得ずすぐに料理して食べることになるということでした。

早速私は住人に交じって山羊の死骸《しがい》を拾いに下へ行きました。ところが、高床式スラムの下に着いた途端、ついてきたことを猛烈に悔やみました。実は、高床式スラムでは、すべてボットン便所になっており、住居から下の地面にうんこを落としていたのです（雨季になった時にそれらがすべて流されるという意味では水洗便所なのかもしれませんが、乾季の間は巨大な肥溜《こえだ》めのような状態です）。そのため、うんこの山をかき分けるように進み、茶色くなった山羊をかついで戻る羽目になってしまったのです。

でも、考えてみれば、下水管も何もない所では、これが当たり前なんですよね。墜落死した山羊としては、まったく浮かばれない死ではありますが。

スラムの中の人々

次に、スラムの中に暮らす人々に目を移してみましょう。

スラムに暮らすのは、その国や地域で差別を受けている人たちが多いのです。「差別→生活が困窮→都市へ出る→職に就けない→スラムに暮らす」というケースが少なくありません。差別という観点から、スラムを分類すると、次のようになります。

①同じ身分や職業の者が集まっているスラム

②宗教や民族や出身地別に成り立つスラム

順番に見ていきましょう。

まず、①は身分制度の同じ位の人たちや肉体労働者なら肉体労働者だけが集まっているスラムです。

外国の差別的な身分制度として有名なのは、インドのカースト制度ではないでしょうか。現在では法的には撤廃されましたが、今なお民衆の間では根強い偏見として残っています。

このカーストでは、生まれながらにして細かく身分が決まっており、それに応じて職業や生活習慣が定められていました。ある家に生まれれば、一生火葬場の清掃業をしたり、屠畜《とちく》業に就いたりすることになり、それが賤《いや》しい職業とされて差別を受けることがあります。このように区分された身分や職業の人たちが一カ所に集まって暮らしだし、やがてはスラムになっていくのです。

そういえば、ずいぶん前になりますが、私はインドのコルカタという町のスラムを回っていたことがありました。

あるスラムに入ったところ、道端に熊《くま》やらコブラやら孔雀《くじゃく》がひしめいていました。突然熊が手を伸ばして引っかいてきたり、コブラが道の真ん中にいて睨《にら》みをきかせていたりするのです。猿がどこからともなくやってきて帽子をとって逃げていってしまったこともありました。

まるで動物園に迷い込んだような気分になり、「一体ここは何なのか」とガイドに

〔1－5〕動物つかいが住むスラム

尋ねてみましたら、楽隊や動物つかいのような人たちが集まって暮らすスラムだと教えられました。その時の写真が〔1－5〕です。

あるいは、ちょっと不気味な体験をしたこともありました。これもコルカタでしたが、鉄道沿いのスラムを歩いていたら、レールわきに白い布のようなものが並べてあったのです。ボロ布を集めて売っているのだろうと思って歩いていたのですが、踏んだ時の感触がやけにやわらかく、強烈な異臭が鼻をつきます。

ガイドに尋ねてみると、白いものは動物の皮だといいます。ここは動物の皮をはぐ職業の人々が住んでいて、明け方に屠畜して昼はその皮を線路に並べて乾かしていたのです。〔1－6〕がそれです。一瞥《いちべつ》しただけでは、布にしか思えませんが、全部動物の皮膚なのです。

インドの例は極端かもしれませんが、他の国にも似たような伝統があり、汚《けが》れていると考えられている特定の職業の人々が集まって暮らす場所がスラムとされていることも少なくないのです。

これに対して、②の「宗教や民族や出身地別に成り立つスラム」は宗教や民族や出身地の違いによって生み出されたものです。

日本にいるとあまり意識する機会がありませんが、海外では宗教や民族によって明らかな差別が存在するケースがあります。

〔1－6〕
線路わきに並べられた動物の皮

指導者がAという民族の出身だとしたら、A民族だけを優遇し、他の民族を冷遇します。その結果、A民族は裕福な生活をしているのに、それ以外の民族は道端でバタバタ餓死しているなんてことになります。

つまり、A民族は高級住宅地で一軒家に暮らし、その他の民族は周辺部のスラムでひもじい生活を強いられているということです。

宗教なんかも同様です。イスラーム教が国教ですと、社会システムのすべてがイスラーム教徒に合わせられます。金曜日が休日になり、ブタを食べることが禁じられ、スカーフの着用が義務づけられ、断食月《だんじき》がもうけられます。しかし、少数派のキリスト教徒たちの休みは日曜日で、ブタも食べます。断食月やスカーフの着用なんていい迷惑ですよね。こうなれば当然キリスト教徒たちはその国の社会にうまく溶け込むことができず、結果として仲間外れになり、いい仕事に就くこともできず、貧しい生活を余儀なくされるのです。

ただし、一つの都市において、一般庶民たちと被差別民のスラムが完全に切り離されているわけではありません。一般庶民が、貧民たちが暮らすスラムを必要な地所として出入りすることがあるのです。

たとえば、イスラームの国では、宗教的にポルノが厳しく取り締まられています。町の目立つ所からは、性に関する一切のものが排除されています。清く正しいイスラーム教徒はそういうことに触れてはならないという風潮があるのです。

しかし、同じ都市の中でも、キリスト教徒がポルノに接する分には宗教的なタブーはありません。ゆえにスラムの中で、キリスト教徒の貧民たちがアダルトビデオ屋を開店する分には見て見ぬふりをしてもらえることがあるのです。

そこでイスラーム教徒たちは普段町で清い生活をし、欲求不満になった時だけスラムへ行ってキリスト教徒たちからアダルトビデオを借りるなど「神に反《そむ》く行為」に手を染めるのです。イスラーム教徒たちが暮らす「聖なる町」と、キリスト教徒たちが暮らす「俗なるスラム」に分かれているのですが、実際は両者が都合の良いように入り交っているのです。

このようなスラムのアダルトビデオ屋に並んでいるビデオ（ＤＶＤ）には、二種類あります。一つはインターネットなどからダウンロードしてきた市販の海賊版、もう一つが売春婦などを出演させてつくった国産オリジナル物です。まぁ、その内容のひどいことひどいこと。

私もそのＤＶＤを何枚か買ってみたことがあるのですが、バングラデシュのそれなんて、女性が裸になって横たわりながらポテトチップスをかじり、その上に男性が乗って一人でハアハアと喘《あえ》いでいるのです。

女優もやる気がなければ、男性のアップもうざいし、カメラマンもやる気ゼロといった感じです。イスラームの国ではこんな物でも商品になるのかとびっくりした記憶があります。文化が違えば商品レベルもまったく異なるものなのです。

ただこうして見てみると、都市の中で町とスラムがそれぞれの役割をもってうまい具合に絡《から》み合っていることがおわかりでしょう。まぁ、聖と俗が交じり合った社会こそが、本来もっとも「健全な都市」の姿ですからね。

巨大化するスラム

巨大な都市において、スラムは生き物のようなものと言えるでしょう。何かをきっかけに縮小してつぶれてしまうことも、どんどん巨大化して町を飲み込まんばかりになることもあります。

たとえば、この講義の最初にご紹介したスラムの写真〈1－1〉（17ページ）をもう一度ご覧下さい。ここはバラックが道路の両脇《わき》を埋めつくしており、物理的にこれ以上広がることは不可能です。

逆に、土地に余裕があり、不況がつづいたりすると、地方からの貧困者が次から次に住み着くことでスラムが途方もない大きさに成長していきます。

一例を挙げれば、フィリピンのマニラにあるトンド地区のスラムは、収集された巨大なゴミの山の付近に貧しい人々が住みだすことで生まれたといわれています。それがみるみるうちに膨れ上がり、今では住民の総数は五十万人以上にもなるのです。もう完全な一つの街ですよね。こうして、貧民窟が成長することによって、貧民街になるのです。

では、スラムが街化するというのはどういうことなのでしょう。次のような特徴があげられます。

- **スラムの中に店や会社ができる。**
- **住人の間に雇用関係が生まれる。**
- **家や土地の貸し借りが行われる。**

原初のスラムは単なるバラックの集まりにすぎません。けれど、大きくなれば、住人の中には隣人を相手にして商売をはじめる人が出てきます。

真っ先につくられるのが、生活の必需品である食べ物を売る八百屋や肉屋、それに雑貨屋などですね。

その次に現れるのが、酒屋や賭博場《とばくじょう》です。腹が満たされ余剰ができれば、次に人々は娯楽を求めるということなのでしょう。

スラムの酒屋では自家製の酒や非合法酒も扱っており、外国人が足を踏み入れるとほぼ確実に酒盛りにつき合わされます。「俺の酒を飲めないのか」とばかりにどんどん酒を出されて一気飲みを強制されます。まるで体育会系の運動部の飲み会に参加し

〔1－7〕スラムの酒屋で出している自家製の酒を飲む著者

たような気分です。

　また、みんながほど良く酔ってくれば当然のことのように賭《か》け事がはじまります。私なんかはこれを何度か重ねて信頼をつくってから、いざ取材ということになるのですが、その前に胃を壊して倒れてしまうことは珍しくありません。〔1－7〕がスラムの酒屋で出している自家製の酒です。発酵というより腐敗しているような味でしたね。

　酒と言えば、私は昔とんでもない酒を飲んだことがあります。バナナやヤシの酒なのですが、中に錆《さび》だらけの鉄くずが入っているのです。もちろん酒（らしき液体）は錆色に変色しており、虫の死骸やゴミが沈んでいます。さらに表面には黒ビールのような非常に怪しい茶色い泡が。

ゴミは仕方ないとしても、一体なぜ鉄くずまで入っているのか。それを尋ねてみますと、「発酵させるために入れているんだよ」とのこと。そんなもので発酵するのかどうか知りませんが、突然、酔っ払いたちによって、この酒の一気飲みが行われました。取材というのは信頼が命なので、むげに断るわけにもいかず、根性で何杯飲んだことか……。

案の定、翌日には空前絶後、怒濤《どとう》疾風、驚天動地、瞠若《どうじゃく》たる下痢に襲われました。尻《しり》の穴が故障したホースにでもなったように十秒前に飲んだ飲料水がバスッと音を立てて噴き出てくるのです。十日で十キロ痩《や》せましたね。みなさんに忠告したいのは、いくら善人に勧められたにしても、スラムでは変な酒を飲まないような慎ましさが必要だということです。はっきり申し上げて、私の言葉を無視したら死神の姿を見ることは間違いありません。

さて、スラムにこうした小さなお店が一通りできると、今度は会社がつくられます。スラムの中でちょっと成功した人が、新しく住みついた貧困者をつかって事業を起すのです。

アジア各地でよく見かけるのが、人力車や自転車タクシーの貸し業者ですね。人力

〔1－8〕自転車タクシーで遊ぶスラムの子供たち

車で三万円前後、自転車タクシーで四万から十万円ぐらいします。スラムの成功者たちがそれらをまとめて何台も買い、それを一日数百円で貧しい人に貸し与えることで「人力車・自転車タクシーの貸し出しビジネス」をするのです〔1－8〕。

スラムに会社ができると、やがて売春窟《くつ》がつくられるのが常です。バラックの小屋が建てられ、そこであまりきれいとは言い難い女性や小太りの中年女性たちがピンクのワンピースなどを着て働きはじめるのです。街の売春宿では若くてスタイルの良いお姉ちゃんが働いていますが、スラムのそこでは苦労が顔と体に染《し》み出ているオバちゃんばかりです。値段も一時間五百円から千円程度。「スラム特価」ですからレベルの低さはやむを得ないのです。

ちなみに、町の人たちはスラムの売春婦のことを「汚い」とか「病気持ちだ」と考えるようです。しかし、実際はスラムのオバちゃん売春婦だって、街の高級売春婦とやっているサービスは同じなわけですから、性感染症の感染率は変わらないはずです。にもかかわらず、人々は「町の売春婦は安全で、スラムのオバちゃん売春婦は危険」だと信じて疑いません。たぶん、ここには愚かな男たちのスラムに対する差別意識があるのでしょう。

これと同じことは日本でも言えますよね。高級ソープランドで働く女子大生は安全で、安い置屋で働く熟女は危険だと言われます。よくよく考えてみるとまったく根拠がないのに、このような発想が広まるのって興味深いですよね。

ともあれ、スラムがここまで大きくなると、もう完全に「街」です。後は人口増加に比例して店や会社の数がさらに増えていき、競争原理によってサービスが向上していきます。こうしたことから、スラムというのは生き物のように成長していくものだと言えます。

第二講　人々の暮らしと性

前回、スラムが成立する背景や、巨大な街となっていく過程をお話しました。

では、一体そこでは、どのような生活が営まれているのでしょうか。家やトイレなどのあり方から、食事やセックスというプライベートにまで立ち入ってお話していきたいと思います。

最初にいっておきますと、セミナーや講演会でスラムについてのエッチな話をすると、真顔になって食いついてくるのは大抵若い女性の方です。若い男性は急に赤面してうつむいてしまうのですが、女性の方は目を輝かせて食い入るように聞いているのが常です。強者《つわもの》になると質疑応答の時間でもないのに立ち上がって質問をしてきたりします。しかし、かわいそうに、童貞と思《おぼ》しき男子などは鼻息を荒くして爪《つめ》をかじったり、指の毛を抜いたり、身をよじりはじめたりしてしまいます。

最近は、意外と男性の方がそういう話にはナイーブになっているのかもしれませんね。

家・トイレ・風呂《ふろ》

人の生活に必要な三大要素は、「住居」と「トイレ」と「お風呂」です。人が暮らす所には、かならずこの三つがあります。

スラムにどのような住居が建てられるかは、国や地域によって大きく異なります。そもそも家というのは暮らしを守るためのものですから、それを取り巻く環境によって住居のあり方も違ってくるのです。

地域別に見てみますと、東南アジアや南アジアの熱帯雨林のスラムでは、竹や木でつくった風通しの良い住居が好まれます。雨季には洪水も多いので、高床式や二階建てにすることもあります。

中央アジアや中東は、砂漠や荒野が広がる土地です。吹きすさぶ砂塵《さじん》や、夜の寒さから守るために、泥や動物の糞《ふん》で壁を塗り固めた住居がつくられます。

アフリカの場合は、トタンやコンクリートで丈夫な建物をつくります。アフリカの夜や冬は非常に寒いですし、アジアに比べると治安が乱れています。そのため寒さをしのぎ、外からのぞかれず、侵入者を防げる住居が望まれるのです。アジアのスラムなどはドアすらついていないところが多いですが、アフリカの場合は昼間でもしっかりと大きな錠が何重にも下ろされています。これらを〔2－1〕のように並べて見比べてみたら、違いは一目瞭然《りょうぜん》ではないでしょうか。

スラムで一番の問題となっているのが、トイレです。万人が行ない、万人のものが臭く、万人に嫌われる厄介なものです。しかし、トイレは元々あるものではないし、それなりの設備も必要とされる。そこで人々は用を足す時に二つの選択を迫られます。

・選択肢その1 「自分たちでエコな便所をつくる」

・選択肢その2 「そこらへんで勝手に用を足す」

自分たちでつくるエコな便所には種類はいくつかあります。たとえば、川の上につくる水上トイレや、低地や土手に杭《くい》を立ててその上につくる高床式トイレです。〔2－2〕がそれですね。

もし下が川なら人間が落としたうんこは魚たちが食してくれます。下が地面でも、ブタなどが放し飼いにされており、落下してくるものをちゃんと全部食べつくしてくれます。どちらも百パーセント完璧《かんぺき》なエコ便所なのです。原発も必要なければ資源の無駄づかいもない。ただ、時々川で泳いでいた子の頭にふりかかったり、ブタに尻《しり》をかまれたりという事件も発生しますが、まぁ、それもすべて神様のお恵みみたいなモンだぐらいに思っているのでしょう。

しかし、都市のど真ん中にあるスラムとなるとこうはいきません。川に流すとかブタに食わせるといったことができず、〔2－3〕のように道路で用を足すしかなくなります。そんな所では、新聞紙を敷いて、その上にうんこを落とし、終わったらそれを包んで捨てるのです。まるで犬の糞を始末するのと同じですね。女性が何気なく道端に新聞紙を敷いて、スカートをたくし上げてしゃがみこんでうんこをしたと思うと、平然とその紙を丸めて立ち去る。そういう姿を見ると、人も犬も同じ生き物だなと感動します。

〔2－1〕上からアジア、中東、アフリカのバラック

〔2－2〕水上トイレと高床式トイレ

一点注意しておきますと、これはスピードが勝負です。道路の真ん中で用を足すわけですから、サッとしゃがんで、プリッと落として、すぐに何気ない顔をして立ち去らなければなりません。一連の動作をスムーズかつスピーディーに行わなければならないのです。長々とふんばっているとトラックがつっこんできたりしますし、野犬に取り囲まれたり、近隣の住人が近づいてきて「長いようだけど大丈夫か」と心配されたりします。放っておいてくれよ、と叫びたくなりますが、住人たちも長時間路上でふんばっている人を見るとつい心配になって声をかけたくなるのでしょう。

正直申し上げると、私もこのような目にあったことがありました。私は人々に囲ま

〔2－3〕道路で用を足す子供

〔2－4〕スラムにお風呂はない……

れてじろじろと凝視されている中で、用を足せるほど図太い精神をもち合わせていません。自分でいうのも何ですが、見た目は野暮でも、心はかなり繊細なのです。そのため、用を足す時に周囲の目を気にするあまり、でるものもでなくなり、ついには糞詰まりになって病院にかつぎこまれたことがありました。

　トイレと同じぐらい必要なのがお風呂です。もちろん、スラムには水道が通ってないことが多いため、〔2－4〕のように公共の水道や井戸から汲《く》んできた水で体を洗います。男性はパンツをはいたまま、女性はバスタオルのようなものを胸から巻いて、石鹸《せっけん》で体をこすって体を洗います。こうすることで秘部を見られないようにするので

〔2－5〕川辺のスラムでは川で体を洗う

す。

川辺のスラムなんかでは、〔2－5〕のようにそのまま川で体を洗ってしまいます。「さっき川で用を足すっていってなかった？」と思った方もいるでしょう。その通りです。どんぶらこと茶色い物体が流れてきたりしますが、そんなものは手で別の方向へ押し流してしまえばいいのです。手榴《しゅりゅう》弾《だん》でも流れてくれば別でしょうが、人糞なぞは水面に浮かぶ一輪の花ぐらいにしか考えられていないのです。たった一個のうんこを核ミサイルぐらいに思って驚愕《きょうがく》し、逃げ惑う日本人とは肝っ玉が違うと言えるでしょう。

スラムの食事

次に食べ物に話を移しましょう。

日本の誇るべき食文化として、「どの階級の人も同じものを食べる」ということがあります。たとえば、お金持ちも、貧しい人も、同じようにとんかつを食べますし、うどんをすすりますし、親子丼《どん》に舌鼓《したつづみ》をうちます。どのレストランで食べるかの違いはあるでしょうが、食べ物の種類は同じですよね。

しかし、海外では、階級によって食生活がまったく違うのが当たり前なのです。上流の人たちはAを食べる、中流の人はBを食べる、下流はCを食べる、という具合に、階級ごとに食べ物が異なるのです。わかりやすくいえば、上流はスシを食べ、中流は牛丼を食べ、下流はハンバーガーを食べるということです。上流がハンバーガーを食べたり、下流が牛丼を食べたりすることはまずありません。

途上国は特にそれが顕著です。セレブの食べ物、ビジネスマンの食べ物、庶民の食べ物、スラムの住人の食べ物など明確に分かれています。そして、スラムにはスラムの住人しか食べないものとか、調理方法などがあるのです。スラム食は国や地域によって大きく異なるのですが、どこでも大抵共通していえるのは次のことです。

・火や油をつかった料理が多い。

火や油をつかうのは、鮮度の悪いものを食べられるようにするためです。やりすぎというぐらいに火や油を通すことによってばい菌を殺し、保存期間を延ばすのです。それができない場合は、太陽で干して乾燥させることで干物《ひもの》にしてから食べます。健康上の理由から、貧しい人はどんなものでも一度熱を通してから食べるということを徹底しているのです。

このような食文化の中から「貧困フード」というスラム特有の食べ物が生まれることがあります。一般庶民が食さない魚の頭を油で揚げたものや、骨をカラカラに焼いたもの、中には鼠《ねずみ》や昆虫に火を通したものなどがそれです。そうした貧困フードの中には、世界中の人々に受け入れられてグローバルフードにまで発展したものもあります。一番有名なのは、なんといってもフライドチキンでしょう。

フライドチキンが生まれたのはアメリカでした。その当時、アメリカには黒人奴隷《どれい》たちが数多くおり、みんな貧しく、十分な食事を得ることができませんでした。そこで、黒人たちは白人が食べない鶏の足を集めてきて、油でくり返して揚げることにしたのです。そうすれば鮮度のよくない肉でも胃に入れられるようになりますし、肉体労働に必要なカロリーを摂取できます。こうして黒人奴隷たちのソウルフードとしてのフライドチキンができあがったのです。今、私たちが食しているのは、これに調味料を加えたりしてちょっと発展させたものなのです。

若い読者の中には、「毎日フライドチキンを食べられていいなー」と思う人もいるかもしれません。しかし、それはそれなりにいろんな裏事情もあるのです。

一つ思い出深いエピソードがあります。かつて、フィリピンの鉄道沿いスラムで寝泊まりしていたことがありました。その時、家族の人たちと同じものを食べていたのですが、彼らは毎日チキンしか食べないのです。

当然、チキンばかり食べていれば、肌は荒れて、口内炎だらけになり、野菜がほしくて仕方なくなります。そこで私は「なぜ野菜を食べないのか」と訊《き》きました。するとご主人が袋の中からビタミン剤の入った瓶をいくつか出してきて、こう答えたのです。

「我々はお金がないから、一番カロリーの高いチキンを食べているんだ。カロリーのない野菜にお金を払う余裕はない。ビタミンが足りないと感じたら、この錠剤を飲めば十分だ」

そう、彼らはお金がないために、カロリーの高いチキンだけを買って食べて、ビタミンなどはすべて市販の錠剤で補っていたのです。少なくとも、私がいたスラムの住人たちはほとんどこのような食生活を送っていました。

もちろん、これはこれでまた別の問題を生み出します。

貧困者はカロリーのある肉だけを食べていますが、その多くが失業者で仕事がありません。何もしないでカロリーだけを摂取していたら、当然ぶくぶくと太って肥満体形になり、高血圧、糖尿病などに悩まされます。そのため、意外なことにスラムの住人の中には肥満の人が多いのです。特にアフリカなんかがそうですね。アフリカのスラムへ行くと、意外に太っている人が多いのがわかります。

貧しいのに、肥満が多い。一見相反するようですが、食生活の偏《かたよ》りがあるためにそういう現象が起きてしまうのです。

これはアメリカの貧困問題なんかにも同じことが当てはまります。アメリカの貧困層の人々は国から配布される食料交換クーポンによってジャンクフードばかり食べているせいで、どんどん太っていき、より仕事が見つからなくなったり、病気によって早死にしたりするという実態があるのです。「贅沢《ぜいたく》な肥満」とは異なる「貧困によって生まれる早死にしやすい肥満」ともいうべきものなのです。

海外の貧しい地域へ行ってみて、太っている人を見て「意外にいい暮らしをしているじゃん」と思うこともあるかもしれませんが、その裏にこうした食生活の事情があることを忘れてはならないでしょう。

家族計画

家があって、夫婦が暮らしていれば、自然と子供が増えていきます。ただ、赤ん坊はコウノトリが運んでくるわけではありません。夫と妻がセックスをしているから、赤ちゃんが生まれ、スラムが巨大化していくのです。

これまでご覧いただいた写真からわかるように、一軒のバラックは決して大きくはありません。家族が八人いても、家の中で寝られるのは五人ぐらいで、あとの三人は外で寝ているようなこともザラにあります。一体、そんな状況でどうやって夫婦の営みをしているのでしょうか。

基本的には真夜中に家族が寝静まってからコトをはじめます。四方を寝ている子供に囲まれながら、起こさないように声を押し殺して秘事を敢行するのです。もちろん前戯などはありません。即挿入です。理由は次の二つです。

・体を洗っていないためにペッティング＝汚いという観念がある。

・早く射精することで、家族を起こさないようにする。

現代の日本人カップルとはずいぶん事情が違いますが、環境を考えれば至極当然なのかもしれません。

ちょっと話は横道にそれますが、海外の援助団体が「女性がセックスに痛みしか伴わないのに毎晩苦痛を味わわされている。これは女性差別だ」というレポートを作成しているのを読んだことがあります。たしかにいきなり挿入されれば痛みはあるでしょうが、スラムの状況を考えれば他に方法がないのです。逆に、最初からこのような環境なわけですから、それはそれで慣れてて「そういうもんだ」ぐらいにしか思っていない女性も多いようです。もし男性がやさしく愛撫《あいぶ》なんてしようものなら、「そんなこそばゆいことなんてせえへんで、さっさと挿入しいや!」と怒鳴られるかもしれません。

ところで、子供がまったく気づかないかといえば、そんなわけはありません。年頃の男の子は寝たふりをしながら、ひそかに様子を見ています。兄夫婦に真横でセックスをはじめられて目を覚まさない方がどうかしているでしょう。男の子は薄目を開けてそれを脳裏に焼きつけておき、その後こっそりと森の木陰などへ行き、自慰にふけるのです。こうやって子供は性のあり方を学んでいくのです。

実は私もスラムに泊まっている時に、何度か真横でおっぱじめられたことがありました。こういう時に限って、やたらと目がさえて、耳がよく通って、咳《せき》をしたり寝返りをうったりしたくなるものなんですよね。一度などは明け方までの連戦となり、私はひたすら寝たふりをしつづけなければならず、拷問《ごうもん》のような夜を過ごしました。

また、スラムの女性は実に多産です。子供が労働力になる農村ほどではありませんが、五、六人は当たり前のように産みますね。避妊の知識や道具が手に入らないということもあるのですが、忘れてはならないこととしてパートナーがかなりの頻度で変わることもあるでしょう。

スラムの人は再婚率が非常に高いですし、浮気や重婚といった話もそこらへんに転がっています。貞操観念というのは生まれ育った環境によって大きく左右されます。誤解を承知で申し上げますと、スラムで育った人はきちんとした教育も受けていませんし、子供の頃からレイプなどの脅威にさらされていますし、日常的に肉親の性というものを見て育っています。少なくとも私たち日本人の貞操観念とは相当の開きがあるのです（逆にスラムであっても日本よりずっと厳しい所もあります）。

それゆえ、女性は結婚したり、恋人をつくったりする度に子供を孕《はら》むことになり、種違い、腹違いの義理兄弟がわんさかできるようになります。そういう意味では、彼らは初めから血のつながりをそこまで重視せず、「どこかで血がつながっていればみんな兄弟」といった感覚をもっています。ですから、スラムの住人が横にいる子を指して「兄弟だよ」と言っても、かなりの高確率で種違い、腹違いの兄弟なのです。

スラムにおけるＨＩＶ（エイズウィルス）感染率の高さなんかも、このあたりに原因があるといえるかもしれませんね。HIVはセックスによって感染しますから、パートナーの数が多ければ多いほど感染の可能性は高まってきます。生まれた環境で形成された「貞操観念」によってHIV感染が広まるということもあるのです。

スラムの病気

HIVの話がでたので、ついでにスラムでの病気についてもお話しておきましょう。

スラムは川辺や廃棄物処理場など非衛生的な所につくられています。当然、その周辺は汚染されており、スラムの住人の健康に多大な悪影響を与えます。

たとえば、川が近いということは蚊がたくさんいることになります。蚊の中にはマラリア蚊もおり、それに刺されることによってマラリアに感染することがあります。患者は数日から数週間にわたって高熱をだし、運が悪ければ死に至ります。

あるいは川に流れている便に赤痢菌が付着している場合、それが口から入って赤痢（大腸の疾患で、猛烈な下痢や血便を催す）を起こすことが多々あります。栄養失調の人が赤痢にかかって呆気《あっけ》なく死んでしまうことも珍しくはありません。

日本人が生まれてはじめて〔2－6〕のような汚いスラムに足を踏み込むと、「よくこんな不潔な所で暮らしていられるな」と感想を漏らします。しかし、実際は、ス

〔2－6〕スラムの住人たちは感染症にかかりやすい

ラムの住人たちもそれによって感染症にかかり、バタバタと死んでいるのです。ある程度の年齢まで生き残っている人たちは、たまたま免疫力《めんえきりょく》がつよく感染症にかからなかった、あるいは感染したことはあってでも運良く悪化しなかったという人ばかりなのです。つまり、スラムでは、免疫力のある人が生き残るという「自然淘汰《とうた》」がなされているのです。

嘘《うそ》だと思うなら、スラムに暮らす母親に「これまで産んだ子のうち何人が亡《な》くなりましたか」と尋ねてみればいいでしょう。十人いれば、数人は幼い時に死んでいるはずです。

日本と途上国の乳児死亡率を比べて見ると、次のようになります。

5歳未満児死亡者数（1000人あたり）
日本……………4人
米国……………8人
中国……………21人
シエラレオネ……194人
アフガニスタン…257人
※出典「世界子供白書特別版2010」（UNICEF）

アフリカで最悪な国がシエラレオネ。アジアがアフガニスタンです。それらの国と日本を比べると、日本の六十倍以上もの死亡率なのです。もちろん、途上国の中の貧しい地区がスラムですから、実際の死亡率はこれよりも上がる可能性があります。

同じことは大人の寿命についても言えます。大人になることができても、ろくに食事をせずに、錠剤でのみビタミンを摂取していて十分な免疫力がつくわけがありません。そうなれば病気に感染しやすくなりますし、悪化もしやすくなります。これが、スラム、ひいては途上国の平均寿命が短くなる理由なのです。

今回の講義で、私は面白おかしく、うんこが川から流れてくるだの、地面に新聞紙を敷いて用を足すだのという話をしました。現地にいると、彼らは当たり前のようにそうやっていますし、そこに多くの笑顔があったりします。しかし、だからといって、それが「安全」というわけではないのです。きつい言い方をすれば、それは「自然淘汰」に勝ち残った者たちの笑顔にしかすぎないのです。

これは、私たちにとっても認めるのがすごく難しい現実ですよね。私たちはテレビ番組に映し出される「笑顔で必死に生きる貧しい子供」を見てほっとしますが、番組にならない所では何倍もの死が横たわっていることもあるのです。

こうしたことで、一つ思い出深いことがあります。私はテレビのドキュメンタリ番組にも関わっており、ある時途上国の貧困地区に生きる人々を追う番組に携わったことがありました。プロデューサー、ディレクター、カメラマンは全員日本人でした。

この時、日本の撮影クルーはスラムの子供がゴミ拾いをして生活している光景を映して「貧困の中でも明るく元気で生きるたくましい子供たち」というテーマを作品にしようとしていました。

さて、そんなスラムの子供の中に、メイちゃんという十歳の女の子がいました。メイちゃんは病気の父親と二人で暮らしていました。母親も兄弟もいなかったのです。

家計は彼女が廃品回収で稼ぐお金でなんとか成り立っていました。撮影クルーは彼女がゴミの山の中で立派に生きる姿を追っていました。

ある時、ディレクターがメイちゃんにマイクを向けて、「どうしてそんなに明るく生きていけるのかな」と尋ねました。彼女はこう答えました。

「仕事は大変だよ。けど、悲しんでいても生きていけないよ。だから、今を笑って生きたいの」

ディレクターはこのセリフにしてやったりの笑顔を浮かべました。番組でつかえると思ったのでしょう。まさにテレビ番組にうってつけのシーンとセリフです。日本のテレビ番組には「こういうシーンを撮って、こういうセリフを乗せれば、番組として出来上がり。それ以外はＮＧ」という変な方程式があるのです。

撮影は無事に終わり、数カ月後に放送されました。予定通り貧困の中の明るい無邪気な子供たちというテーマで特集が組まれたそうです。私は番組を見ていませんが、メイちゃんも映ったかもしれません。

私は撮影クルーが帰った後も、そのスラムに残りました。別に調べたいことがあって残ったのです。一週間、二週間と暮らしているとメイちゃんの家庭の別の側面が見えてきました。

毎夜十時過ぎ、静まり返ったスラムに、どこからともなく中年女性が髪をふり乱してやってきました。彼女はメイちゃんの暮らす粗末なバラックにくると、大声を出して棒でもって壁を叩《たた》くのです。大きな石を投げ込んだり、火をつけたりしようとしたこともありました。その度に、近隣の住人が駆けつけ、彼女を殴りつけて追い返します。時には、血が出るまで殴りつづけることもありました。

最初、私は中年女性をスラムに暮らす知的障害者だと思っていました。ところが、ある日メイちゃんからこんなことを言われたのです。

「あの女性は、わたしのお母さんなの。お母さんは十人ぐらい子供を産んだんだけど、わたし以外はみんな死んでしまった。お母さんはそのせいでおかしくなって、わたしのことを『魔女』だって言いはじめたの。わたしが赤子の生気を吸い取っているから、赤子が死んじゃうんだって。お父さんは怒って変になったお母さんを追い出したわ。けど、お母さんはわたしを殺せば他の子供が蘇《よみがえ》ると思っていて、毎晩実家を脱走しては殺しに来るの」

メイちゃんの母親は、赤ん坊が立てつづけに死んでしまったため精神に障害をきたしてしまったのでしょう。お腹《なか》を痛めた子が十人もつづけて目の前で死んでいったら、そうならない方が変なのかもしれません。それですべてをメイちゃんのせいにして毎晩襲い掛かってきていたのです。

私たちがテレビで見る「笑顔」も一つの現実です。しかし、メイちゃんの笑顔の下には、何人もの兄弟の死と母親の狂気があるのです。

私は今でもテレビや雑誌などで「子供たちの笑顔」という言葉を耳にする度に、毎夜髪の毛を振り乱してメイちゃんを殺しに来た母親のことを思い出します。

第三講　表の職業　闇《やみ》の職業

日本人が一生涯で稼ぐ賃金を平均すると、約三億円になるのだそうです。生涯の平均年収を八百万円弱と計算すれば、三十八年間でこれだけの額になるのでしょう。

一方、前にも申し上げましたが、世界の五人に一人は一日一ドル以下で生活しているのが実情です。彼らが週五日みっちり働いたとして年収は二万四千円。生涯で得られる収入はたった百万円弱なのです。

あくまでも数字の上だけでの計算ですが、その差は三百倍にもなります。つまり、途上国の人が日本人と同じ額を稼ごうとしたら三百倍働かなければならないのです。これが地球規模で見た「格差」なのです。

それを踏まえた上で、今回はスラムにおける様々な「仕事と収入」について見ていきましょう。

表の職業

スラムが巨大化して街になると、その中で様々な仕事が生まれてきます。代表的なのは次の三つです。

- **人力車、自転車タクシーの運転手**
- **廃品回収業**
- **日雇いの肉体労働者、家政婦**

スラムでは、一部の成功者が新しく来た仕事のない人々をつかって人力車や自転車タクシーの事業を起こすことがあります。小金持ちの住人が、人力車や自転車タクシーをまとめ買いし、仕事のない人たちに有料で貸すのです。こうした人力車や自転車タクシーは、ベトナムでは「シクロ」、ミャンマーでは「サイカ」、インドでは「リキシャ」などと呼ばれています。

オーナーがこうした乗り物を貸す価格は決して安いわけではありません。たとえばインドでは、リキシャのレンタル料が日に二百円前後になります。運転手の稼ぎが日に四百～六百円ぐらいですから、収入の半分近くが吸い上げられていることになりますね。新車は約三万から十万円ぐらいするので、貧しい人々は買うことができず、悪条件を承知でレンタルをしなければならないのです。

ちなみに、インド人は三輪タクシーのことを「オートリキシャ」と呼んでいます。バングラデシュでは自転車タクシーが「リキシャ」と呼ばれています。この「リキシャ」という言葉は日本語の「力車」に由来します。昔、日本から人力車がアジアにもちこまれた際にこの呼び名も一緒につたわり、今に至るまでつかわれているのです。一風変わった、国際日本語なのです。

廃品回収の仕事もスラムでは一般的なものです。人々は大きな袋を抱えて街を歩き回ってプラスチック、紙くず、アルミ、ガラスといったゴミを拾い、スラムの一角にある仲介業者へもっていきます。次頁の〔3－1〕のような場所です。

この仲介業者は、人々が集めてきたゴミをキロ単位で購入します。たとえばインドのムンバイの仲介業者ですと、紙くず一キロ二十円、プラスチック一キロ四十円、鉄くず一キロ八十円といった具合です。業者はこうしたゴミを人々から買い取って、工場などにまとめて流すのです。

途上国を旅行しているとよく人々がゴミを道路に投げ捨てている光景を見かけます。彼らは「廃品回収者にくれてやる」という意識でゴミを投げ捨てているのです。政府は「ゴミを捨てるな」といったら廃品回収者の仕事を奪うことになりますし、かといって再利用されないゴミもありますから放っておけば街はどんどん汚くなります。こ

〔3－1〕一般的な廃品回収の仕事

〔3－2〕雇い主が来るのを待つ人々

こらへんのバランスが非常に難しいところなのです。

肉体労働はスラムでもっとも大きな割合を占める職業です。男性は工事現場などで働き、女性は家政婦や農園で働くことが多いですね。途上国を歩いていると、朝から道端に人々が何もせずにたむろしていたり、ボケーとしたりしているのを見掛けたことはありませんか。〔3－2〕のような人たちです。

実は、彼らは雇い主が来るのを待っているのです。雇い主はトラックで乗り付けてやってくると、つかえそうな人たちを荷台につめて現場へ向かいます。一日の仕事が終われば数百円の日給を払い、またトラックで同じ場所に帰すのです。

リキシャ運転手、廃品回収者、肉体労働者、彼らが一日で稼ぐ額は、国によって大きな違いがありますが、百円から八百円ぐらいです。これだけで一家を養っていくことなどとうていできません。そこで、妻や子供たちが働くことで不足分を補おうとします。彼女たちが廃品回収などで稼いだお金を父親の給与と合わせて、なんとか一家が暮らしていけるようになるのです。

昔から児童労働が問題視され、近年は特にそれを非難する声が高まってきています。近年の例でいうと、九〇年代にナイキ社がパキスタンで子供たちにサッカーボールをつくらせていることを糾弾され、児童労働を自粛したことがありました。

もちろん児童労働は褒められたことではありません。しかし、もし子供たちが仕事を失えば、一家が路頭に迷ってしまうという現実もあるわけで、そうした現実を考えると一概に「児童労働はすぐに撤廃せよ」と主張するのがいいことなのかどうかわからなくなりますよね。

グレーゾーンとしてのスラム

スラムの住人のほとんどは、廃品回収や肉体労働といったクリーンな表の仕事をしています。みんな汗水流して少しずつお金を稼いで生きているのです。

ただ、中には犯罪の一歩手前といったようなきな臭い仕事に手を染める輩《やから》もいます。前にちょっとご紹介したスラムにおけるアダルトビデオ屋なんかがそれに当てはまります。厳密に言えば違法ですが、必要悪として暗黙の了解の上で見逃されている「グレーゾーン」ともいうべき仕事です。

スラムでよく見かけるのは密造酒の売買ですね。どこの国でも高い税がかかっているため、正規のお酒というのはとても高額なのです。しかしスラムの人だってお酒を飲みたい。そこで貧民の中から自分たちでお酒をつくって税のかからない安い値段で売りさばく人が出てくるのです。

また、イスラーム教の国では、大抵お酒の販売そのものが宗教的な決まりによって禁じられています。しかし、スラムに暮らすキリスト教徒たちであれば宗教的に禁止されているわけではありませんから、ひそかにお酒をつくって飲む分には厳しく咎《とが》められることはないのです。

かつてイランにあるキリスト教徒たちが暮らす地区を訪れた時もそうでした。イラン人の友人に「酒を飲みに行こう」と誘われ、キリスト教徒たちが暮らす地区にある「酒屋」につれていかれたのです。狭い店内には自家製の密造酒がびっしりと並び、テレビにはアメリカのポルノビデオが映し出されていました。

イラン人の友人は手を合わせて「お許し下さい。すべては罪深きキリスト教徒が悪いのです」と神に謝罪してから、密輸ウィスキーをがぶがぶ飲み、瞬《まばた》き一つせずにテレビに映る裸体に見入りました。店内には、他にも髭面《ひげづら》のイラン人たちがびっしりとひしめいており、鼻息を荒らげて血走った目つきでそれを凝視しています。興奮して汗だくになっている人もいます。みんな目の前で繰り広げられる白人のセックスに夢中になっているのです。

正直、私は一刻も早く逃げ出したい衝動にかられました。いかつい男たちが股間《こかん》の血をたぎらせながら微動だにせずポルノビデオを見ている光景を前にすると、なんだか野獣の群れのなかに放り込まれたような恐怖に駆られたのです。

私は友人の袖《そで》を引っ張って、小さな声で「帰ろうよ」と泣きつきました。すると、周囲にいた男たちが一斉にふり返り、「静かにしろ!」と怒鳴りました。私は青ざめて口をつぐみ、帰ろうと言うこともできず、それから八時間ぐらいごっついイラン人たちに交じって直立不動でポルノを見つづけなければなりませんでした。足は棒のようになり、耳にはひたすら白人のあえぎ声が響き渡り、もう散々でしたね。まぁ、興奮した暴漢に襲われずにすんだのがせめてもの救いではありましたが……。

ところで、このような酒屋でもう一つ注意しなければならないことがあります。お酒です。前にも述べましたが、信じられないような方法でつくられた自家製のお酒なんてザラで、下痢で済むならまだしも、数百人が中毒死なんて事件がよく起きています。日本の場合は「安かろう悪かろう」ですが、スラムですと「安かろう死ぬだろう」ということもあるのです。

もしお酒が安全だったとしても、そういう輩が飲み方をまったく知らないということがあります。へべれけに酔っ払うまでひたすら一気飲みをつづけるのが酒の正しい飲み方だと信じられていることがあるのです。飲酒の目的、すなわち泥酔《でいすい》なのです。

このような人々はとにかく飲んで酔うことしか考えていませんから、数分の間にウィスキーを何本もラッパ飲みします。で、当然、たちまち泥酔してその場に倒れて眠ってしまいます。

以前、パキスタンの非合法の酒屋に行った時に、店内に人がマグロ市場のようにごろごろと倒れているのを見て絶句した記憶があります。みんな数分でウィスキーのボトルを何本も空けて酔っ払ってその場に倒れているのです。これじゃ、アヘン窟《くつ》とまったく同じですよね。

その他グレーゾーンとして、闇市《やみいち》、賭博《とばく》、闇両替なんかがあります。これらはポルノや酒と同様に「必要悪」として認められています。正確に言えば違法なのですが、「スラムで行われていることだから」ということで見逃してもらえるのです。町の人々は欲求不満を晴らす時にだけそっとそこへ赴いて、悪事を楽しむのです。スラムは都市におけるガス抜きの場所となっている一面もあるのです。

スラムの闇

スラムの片隅に、光の行きわたらないダークゾーンがあります。ここで行われているのは、グレーゾーンのように必要悪として見なされているものではなく、次の仕事のような誰もが嫌う犯罪行為です。

・麻薬売買
・武器売買
・臓器売買
・人身売買

ここに挙げた四つは、どこの国においても許されざる仕事と言えるでしょう。

麻薬の場合は、定義が非常に難しいですね。たとえばインドやアフガニスタンなどは大麻系（マリファナやハッシシ）については寛容です。前者では宗教行事でつかっていたこともありますし、一部のイスラーム圏では禁じられているアルコールの代わりに大麻をやるような習慣があります。

ただ、どこの国でもヘロインや覚せい剤のようなものは大麻とは一線を画すものと見なされています。これこそが「違法ドラッグ」なのです。

〔3－3〕を見てください。大麻をやっている人と、ヘロインをやっている人との違いです。どちらもバングラデシュですが大麻をやっている人は公園で堂々と楽しむように吸っていますが、ヘロイン中毒者たちは物陰に隠れてやっていますよね。これは明らかに認識の違いによるものです。スラムにおけるダークゾーンとしての麻薬売買は、主にヘロインのようなものを扱うことを示すのです。

　この仕事では、売り手が儲《もう》かって豊かな暮らしをすることはまずありません。というのも、売り手の大半が中毒者なので「売った儲けで、自分の薬物を買う」ということをくり返しているのです。売人は自分が薬物を買うお金を稼ぐために他人に売っているので、最終的に儲かるのはその裏にいる密売組織だけなのです。

〔3－3〕大麻（上）とヘロイン（下）をやっている人の違い

　次に武器の密売に話を移しましょう。途上国ではよく「スラムへ行けば銃を買える」という言葉を聞きます。スラムには戦場などから逃げてきた難民が暮らしていることが多いので、彼らが故郷から銃を持ち込むことが多いのです。また、スラムの治安の悪さから、住民たちが自衛のために積極的に武器を所持していることもあります。

あるいは、中東の部族の中には、伝統的に銃を所持する権利をもっていることがあります。パキスタンやイエメンなどの部族がその典型ですね。こうした所では〔3－4〕のように自分たちで銃器をつくっていたりします。子供も当たり前のように交じってつくっていますが、行く所へ行けばこんなものです。

〔3－4〕銃器をつくっている現場

銃の価格が一番安いのがアフリカでしょう。九〇年代に冷戦が終結した直後の旧共産圏から内戦をしていたアフリカ諸国に大量に流れてきたのです。AK47、通称カラシニコフと呼ばれる自動小銃がその代表格です。〔3－5〕がそれですね。
この銃は供給過多になるぐらいアフリカ社会に出回り、一説によれば世界に一億丁以上あるともいわれています。そのため、元々は百ドルから百五十ドルぐらいだったものがどんどん値が下落していき、ついには三千円とか四千円で取引されるようになってしまったのです。私がスラムで聞いた時は、一時期千円にまで価格が落ち込んで

〔３－５〕カラシニコフと呼ばれる自動小銃

いました。信じられないかもしれませんが、携帯電話の方がずっと高いのです。ただ、スラムでも安全な所であれば、自動小銃を買う人なんてそうそういませんから、原価がゼロ円だとしても商売としては成り立ちにくいですけどね。

今度は臓器売買に話を移しましょう。移植につかわれる臓器は、心臓、角膜などいくつもありますが、メインは腎臓《じんぞう》になります。角膜を移植すれば目が見えなくなってしまいますし、心臓を移植したら死んでしまいます。生きている人が売るという意味では、腎臓が対象となるのです。

臓器売買は法律で認められている国とそうでない国があります。インドでは近年になって規制をつよめるようになりましたし、

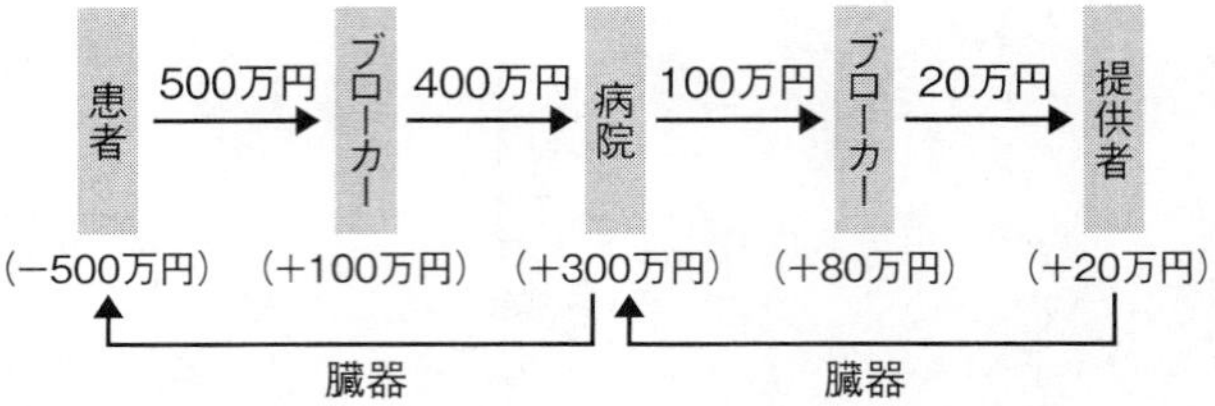

〔3－6〕臓器売買の流れ

フィリピンでは政府が積極的に関与することで闇取引を撲滅しようとしています。

しかし、臓器売買が禁じられていても、法の目をかいくぐってそれを売り買いする人たちがいます。〔3－6〕のように、臓器売買は間にブローカーと呼ばれる人を挟んで行われます。

一般的にブローカーはスラムに拠点を置いて、臓器提供者を探します。スラムであれば臓器を提供してまでお金がほしいと思っている人の割合が高いためです。ただし、いくら貧しくても本当に生活に困窮し、どうにもならなくなったような人しか手術を受けようとは思わないものです。ブローカーはそういう人を探し出して、より大きな組織に紹介したり、直接病院につれていったりして手数料を得るのです。

　臓器売買が良いか悪いかは色々意見はありますが、実際に提供する側の儲けは決して大きいものではありません。インド、パキスタン、フィリピンで聞き取り調査をしたことがありますが、提供者が腎臓を提供して受けた報酬額は、おおよそ十万円から二十数万円といったところです。もちろん、スラムの住人にとってみれば、それは数年分の年収に値するわけですが、物価の高い日本に住む私たちからすればこの金額に複雑な思いを抱かざるを得ませんよね。

スラムは本当に危険なのか

　ここまでスラムの仕事を、表の仕事、グレーの仕事、ダークな仕事と分けて、ざっとご紹介してきました。最後に述べた話を聞いてスラムをとても怖い場所だと思った方も多いのではないでしょうか。

　スラムの名誉のために申し上げますが、決して恐ろしい所ではありません。スラムで働く人々の九割の人が合法的な仕事をし、正義感をもち、立派に生きています。スポーツだって勉強だってしています。もし本当に危険な所でしたら、そもそも私のような外国人がちょこっと行って、これまでお見せしてきたような写真が撮れるわけがありませんよね。

しかし、どの国でも同じですが、一部の人たちは様々な成り行きから、悪事に手を染めてしまうものです。そしてその人たちがたまる場所が、スラムの中のグレーゾーンやダークゾーンとなるのです。

日本における歌舞伎町《かぶきちょう》のイメージだってそうですよね。地方の人は『警察二十四時』みたいな番組のイメージで歌舞伎町を怖い街だと考えていますが、実際は観光客が写真を撮って、オバちゃんたちがソバをすすって、高校生カップルがいちゃいちゃしているような場所です。普通に歌舞伎町を歩いて身の危険を感じるようなことに出くわすことはありません。

スラムもそれとまったく同じなのです。全体としては明るい地区なのですが、一部の人だけが隠れた所で犯罪を行っているのです。にもかかわらず、そのグレーゾーンやダークゾーンだけが大きく取り上げられてしまうために、犯罪地帯のようなイメージがついてしまっているのです。

ここには人間の様々なエゴがあります。

人は自分たちを正しい存在だと証明するために、それと正反対の悪者をつくろうとします。町が清く正しくあるためには、それに反する汚く悪いスラムをつくりださなければならないのです。

あるいは、人はスラムに悪いイメージを押しつけて町から遠ざけることで、そこを別世界や治外法権にしようとしているのかもしれません。そうすれば、そこで禁じられているポルノやお酒を楽しむことができるわけですからね。

少なくとも、私は一般に考えられている「スラム＝危険」というイメージに大きな違和感を覚えています。

第四講　貧民の流入と流出

今、世界にはグローバル化の波が押し寄せ、国境という概念がどんどん薄れています。人々はこれまでにないほど気軽に国境を越え、通信をし、物資を持ち込んだり持ち出したりしています。

このような「ボーダレス時代」の中で、大きな問題となっているのが、貧しい国から豊かな国への人の流出です。途上国で生まれ育った人々が富を求めて先進国へと押し寄せているのです。

その代表的な例として中東における外国人比率をご覧下さい。

中東の外国人比率
カタール……………約75パーセント
クウェート…………約75パーセント

バーレーン………約50パーセント
ドバイ（UAE）…約90パーセント
オマーン…………約25パーセント
サウジアラビア……約20パーセント

クウェートやカタールは人口の七割前後が、ドバイに至っては九割が外国人労働者で占められているのです。

途上国から先進国へ移った人々がかならずしも一般的な生活を送るとは限りません。貧しい国から豊かな国へやってきたものの職に就くこともできず、外国人スラムを形成していくということもあるのです。

今回は、このような貧困者たちの海外流出の実態と、それによって起きる問題について考えていきたいと思います。

貧民の流出

途上国の中には、経済が完全に破綻《はたん》していたり、激しい戦争が起きていたりする国が少なくありません。このまま国に留まっていても餓死するしかない。そんな状態に

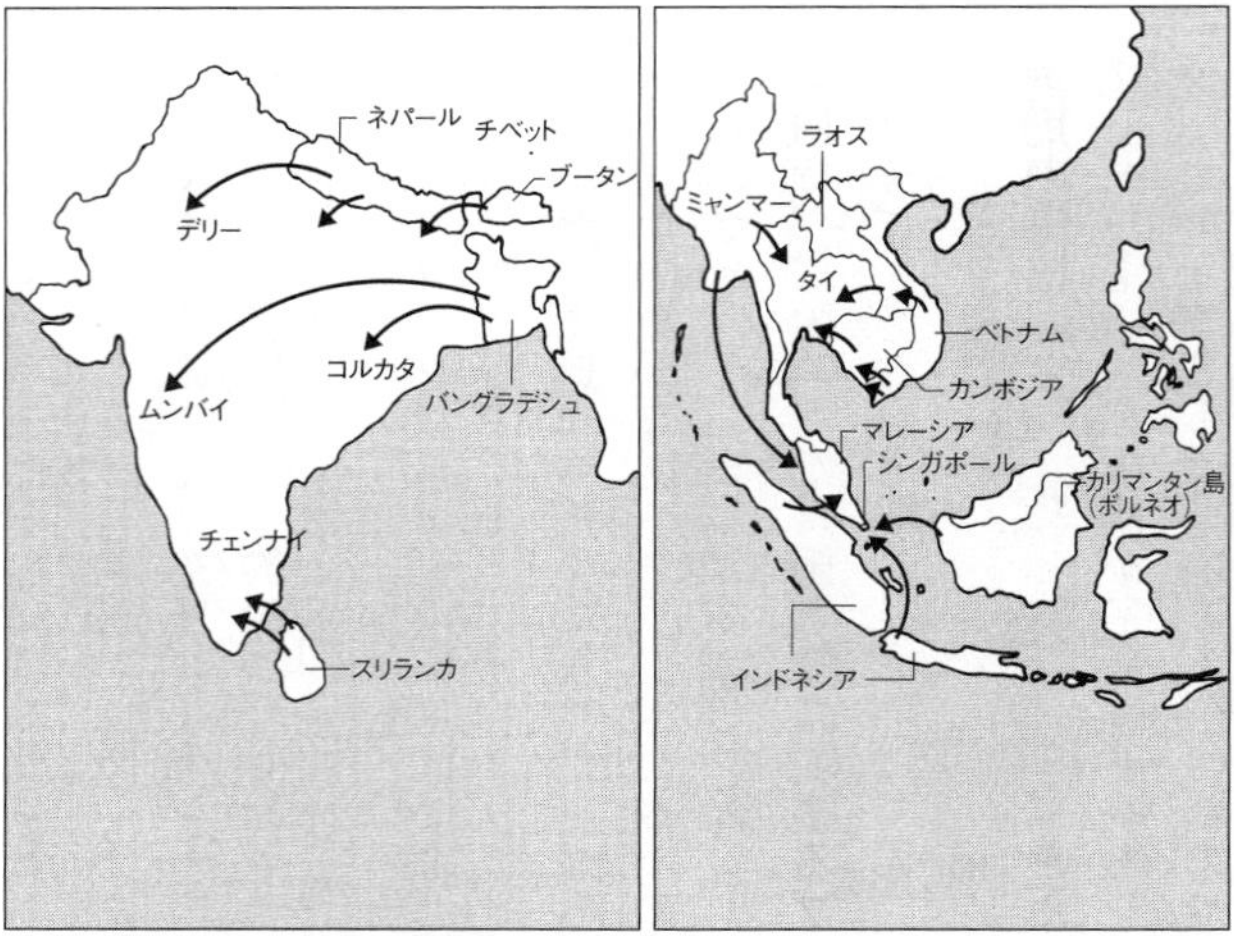

〔4－1〕アジアにおける貧民の流出経路

追いつめられた時、人々は生まれ育った土地を捨てて国境を越え、近隣のより豊かな国へと逃げ込もうとします。

ただし、人々は単純に豊かな国へ移っているのではありません。別の国へ行っても文化がまったく異なれば社会にうまく溶け込むことができません。それゆえ似たような「言語」「宗教」「人種」の国へ移るのが常なのです。東南アジアと南アジアの場合を地図上で示すと、〔4－1〕の矢印のようになります。

このように貧しい国から豊かな国へ移った人々は、「移民」だとか「経済難民」だとか「出稼ぎ労働者」と呼ばれています。いずれも「生活に困窮して海外へ出た」という点では同じことで、大なり小なり合わせると、こうした人たちは世界で二億人以上にもなると推測されています。いわば、世界の三十人に一人は経済的問題で海外へ逃れているということです（国内を転々とする人はさらに多いでしょう）。

では、彼らはどのようにして国境を越えているのでしょうか。

①代理店に頼んで、正規の方法で移住する。

②観光ビザで外国へ行き、そのまま現地に不法滞在して働きつづける。

③非合法のブローカーに頼んで、海外への密航を手伝ってもらう。

このうち①と②であれば比較的安全なのですが、③となると色んな問題が起こりえます。

たとえば、途上国では人を海外へ送るブローカー（斡旋業者《あっせんぎょうしゃ》）がマフィアのような犯罪組織であることが少なくありません。

犯罪組織が起こす事件としては、移民たちを何日間もコンテナの中に詰め込んで水も食料も一滴も与えないで海外へ送ったため、到着した時には全員が窒息死していたり、餓死していたりするようなことがあります。こうした問題を扱った『イン・ディス・ワールド』という映画がありますので、ご興味があればご覧下さい。

また、ソマリアからアデン湾を通ってイエメンへ逃げてくる人たちも大変な状況におかれています。難民たちは小さなボートに奴隷《どれい》のようにつめこまれ、長い時間揺られて海を渡ります。

ここは海賊が跋扈《ばっこ》しており、そうした密入国船を見つけると、すぐに機関銃やロケットランチャーを撃ちながらやってきて、難民を殺して金銭を奪い取ってしまうのです。以前日本のタンカーが海賊に襲われ、とらわれたことがあるので記憶に残っている方もいるでしょう。地元の新聞を読んでいると、海賊たちが殺して捨てたたくさんの遺体が海岸に打ち上げられたなんていうニュースが頻繁に記されています。

密航船のもう一つの大きな敵は警備船です。つかまれば船を没収され、刑務所へ入れられてしまいます。そこで警備隊につかまりそうになると、船員たちは難民たちをサメがたくさんいる海に突き落として証拠隠滅を図るのです。船に難民さえいなければ、「漁船」だと言い逃れができるからです。もちろん、落とされた人々は溺《おぼ》れ死ぬか、サメの餌食《えじき》になってしまいます。

以前、イエメンの漁師と話をしていた時に、「サメたちは密入国者の肉を食って肥満気味なんだ」なんていう嘘《うそ》とも本当ともつかない噂《うわさ》を聞いたことがありました。そこで知ったのが、この海でとれたサメのヒレや尾は切り取られた後、「フカヒレ」として中国や日本に輸出されているということでした。人を食べたサメが、遠くアジアの食卓に上がっている。なんとも世界の格差を象徴するような話ですが、漁師本人からこのような噂を聞いて以降、どうにもフカヒレを食べる気がなくなってしまいました。

まぁ、こうした現実をどうとらえるかは人それぞれでしょうが、世界で二億人以上の人々が貧困から国境を越えて、暮らしているという事実があることを忘れてはならないでしょう。

貧者たちの居住

海外から流入してきた貧しい人々をどうやって受け入れるかは国によって違います。一概には言えませんが、中東は比較的それがうまくいっている方ではないでしょうか。ドバイにしてもカタールにしてもオマーンにしても、労働者として必要な数だけ外国人を呼び寄せ、治安の悪化やスラムの形成につながらないようにしっかりと管理しています。

しかし、アジアやアフリカの中には、外国人の受け入れに明らかに失敗している国があります。これを象徴するのが南アフリカ共和国でしょう。

〔4－2〕南アフリカの黒人居住区

まずはこの国の黒人居住区の写真をご覧下さい〔4－2〕。実際は東京二十三区の一つの区ぐらいに相当する広さがあり、地平線を埋めつくすような巨大な街となっています。

もともと南アフリカでは、黒人は有色人種差別政策《アパルトヘイト》によって、専用の居住区に追いやられていました。貧民街であるという点ではスラムと置き換えても間違いではありません。ところが近年アフリカ諸国での格差が広がるにつれて、近隣の貧しい国から失業者たちが仕事を求めて流入しはじめたのです。たとえばジンバブエからの移民だけで三百万人にも上るという推計があります。

ですが、南アフリカとて、居住区での失業率は五〇パーセントとも七〇パーセントとも言われており、外国人がふらっとやってきて職に就けるほど豊かではなく、外国人を排除しようという傾向さえあります。それでも、彼らは一旦《いったん》この国に来た以上故郷に残した家族の生活を助けるために仕送りをしなければなりません。

その時、彼らはどういう行動をとるでしょうか。

そう、彼らは収入を得るために「闇《やみ》の仕事」に手を染め、麻薬を売り、銃器を売るようになるのです。また、強盗や恐喝など暴力で奪い取ろうとする人もでてきます。そうしなければ、自分も故郷に残してきた家族も生きていけないからです。結果として、南アフリカのヨハネスブルクの居住区では千円程度でカラシニコフが売られ、年間の殺人件数が二万件前後にもなる、世界一治安の悪い町になってしまいました。

また、海外から流入してくる外国人がその国の雇用構造をめちゃくちゃに壊してしまう側面もあります。

貧しい外国人は今すぐ職に就く必要があるため、通常は日給千円のところを、二百円でも受けてしまいます。こうなると企業や店舗は人件費の高い地元住民を切り捨てて、安い外国人を積極的に雇うことになります。その結果、地元民がどんどん失業して、不法滞在の外国人が社会的に立場が上になってしまうのです。

これを日本に当てはめてみればわかりやすいでしょう。

もし、日本に何百万人という北朝鮮人がなだれ込んできて、時給五十円で働きだしたらどうでしょう。彼らがちゃんと日本語を話せて礼儀もわきまえていれば、お店や企業は安い外国人を雇うことで人件費を削減しようとしますよね。こうなれば、それまで高給をとっていた日本人が失業してしまいます。もし日本人が仕事に就きたければ外国人と同じ時給五十円で働かざるを得なくなるのです。

ところが、日本の物価では時給五十円で生活が成り立ちようがありません。正規の仕事の他にアルバイトもしてやっと一日一食ありつける程度でしょう。当然、日本人としては「こうなったのはすべて外国人のせいだ」と考え、恨みをつのらせ、いつか追い出してやろうと思うようになりますよね。そして何かの拍子に鬱憤《うっぷん》が爆発し、外国人への暴力や排除運動が起きても不思議ではありません。実は海外で起きている移民や難民への暴力にはこのような背景があるのです。

私が〇八年に南アフリカに滞在していた時もそうでした。ヨハネスブルクやケープタウンといった大都市の黒人居住区で、地元住民たちが不満の矛先を外国人に向けて、外国人を撲殺したり、家や店に火を放ったり、追い出したりしたのです。貧しい地域では一気に火の手がひろがり、多数の死傷者がでました。

私はこの場にいたのですが、まさしく群集心理による暴力でしたね。長年つもりにつもった怒りが些細《ささい》なことをきっかけにして人々の心の導火線に飛び火し、「この機会に外国人を殺せ、追い出せ」という機運が生まれたのです。そうして貧しい地元住民たちが自分たちの不遇をすべて外国人のせいにして襲撃したのです。私も巻き込まれて棍棒《こんぼう》をもった若者に追いかけられました。

ただ、群集心理というのは面白いもので、熱するのも早ければ冷めるのも早く、ある日突然これまで怒り狂っていた人々がケロッと普通の表情に戻り、何食わぬ顔で恋人といちゃついたり、軒先でお茶を飲んだりしはじめるのです。これが殺人や暴動を犯す人々の心理かと思うと、とても奇妙な感じがしました。

貧者の利用

先進国の政府が、貧しい出稼ぎ労働者を上手に利用することがあります。アメリカの途上国での軍事活動なんかがそれです。

たとえばイラク戦争がはじまって以降、アメリカはイラク国内に軍隊を大量に駐屯させていました。軍隊がやってくると、そこに様々な需要が生まれます。食事をつくる人、物資を運ぶ人、道路を整備する人、水道・電気工事をする人、建物や人を警備する人……。軍隊が駐留するということは、そこにいる軍人の何倍もの労働力が必要になってくるのです。

アメリカ政府はそうした労働力のすべてを自国からつれてくるわけにはいきませんよね。日本の政府だって同じでしょう。自衛隊がイラクに駐留するからといって、日本人の清掃員や肉体労働者や料理人を大量に雇ってつれていけるわけがありません。もしそのような日本人労働者がテロリストに拉致《らち》されて殺されでもしたら日本政府は非難罵倒《ばとう》の嵐《あらし》を受け、自衛隊の即時撤退を余儀なくされるでしょう。

そこでアメリカをはじめとした各国の軍隊は、途上国の貧しい人たちをリクルートするのです。先進国の人が月給二十万円で戦場に行くことは少ないでしょうが、途上国の貧しい人なら危険があっても一獲千金の機会だと思って喜んで行きます。ただ、一国の政府がこうしたリクルートを露骨にやると問題になる可能性があります。そこで、政府は専門の人材派遣会社を何社も通して途上国から労働者を集めるのです。

たとえば〔4－3〕はイラクで働いていたネパール人から聞いたケースです。証言によれば、彼はネパールの人材会社（ブローカー）に二十万円から八十万円ぐらいの大金を支払ってイラク行きの契約をしたそうです。そして一度インドの首都ニューデリーに集まり、何カ月か人員の空きがでるのを待って、今度はインド人のブロ

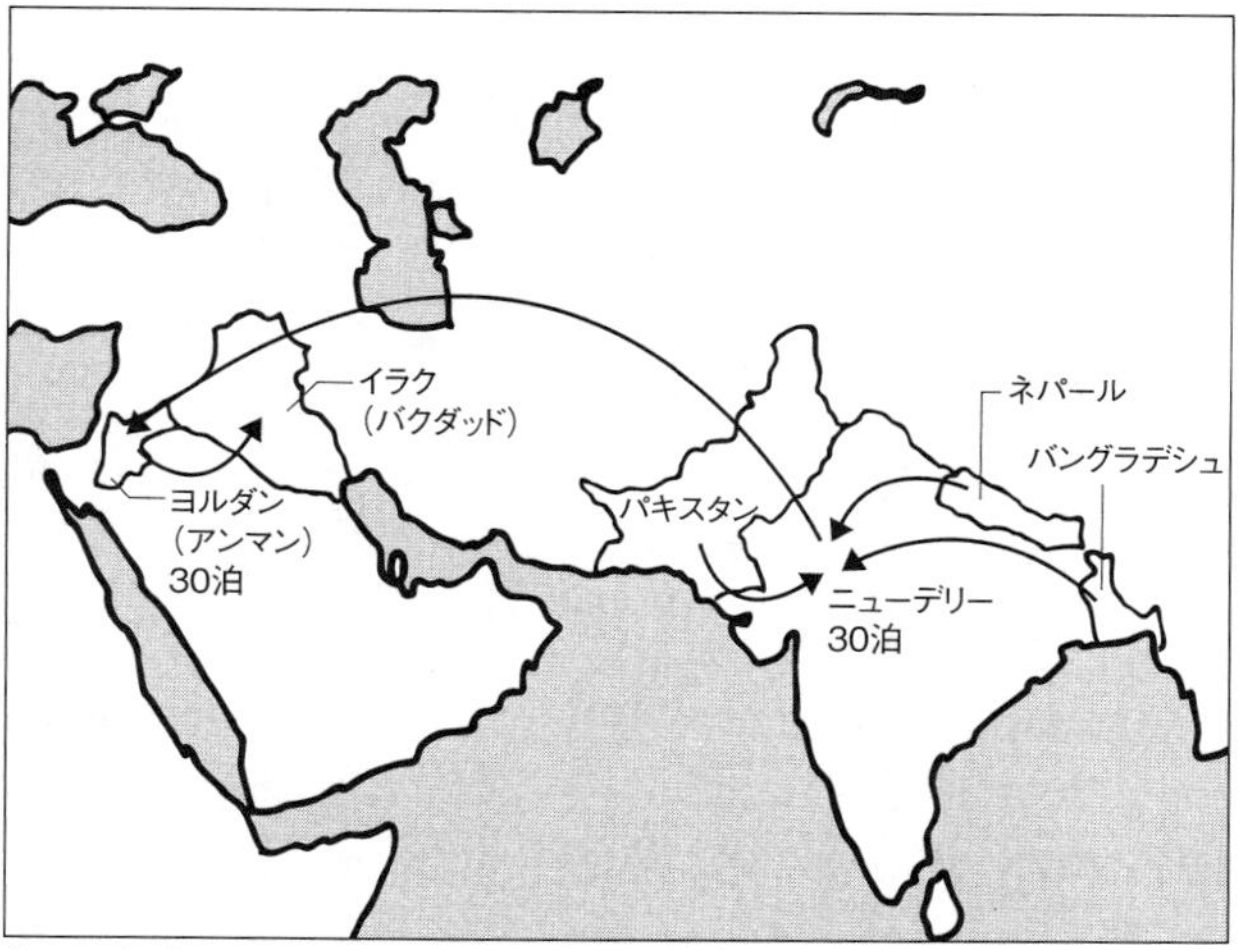

〔4－3〕ネパール人がイラクの米軍基地で働くまでの経路

ーカーとともにヨルダンへ飛びます。そこでまた空きを待ち、順番が来てようやくイラク人ブローカーとイラク国内へ入り、米軍基地内などで仕事を得るのです。労働者たちは数週間待つだけで仕事にありつける場合もあれば、半年待っても欠員が出ずに仕事を得られないこともあるようです。先進国やその関連企業はこのようにいくつもの会社を通すことで、「先進国が貧しい人々を戦場でリクルートしている」という事実をうやむやにしているのです。

実際、私もインドのデリーでイラク行きを待つ人々がいる安宿に行ったことがあります。ネパール人や、インド人や、バングラデシュ人がぎっしりとつまって生活し、募集がかかるのを待っていました。一度雇われると二年間ぐらいの契約になるそうですが、二年で四、五百万円がたまるわけで、そうなれば途上国では家や店が建ちます。

その半面、ご想像つくかと思いますが、この種の仕事は常に死と向かい合わせです。報道されないだけで死者はたくさんでています。

戦争がはじまった頃、イラクで十二人のネパール人がテロリストに殺害されるという事件が起きました。彼らはみな労働者として出稼ぎに来ていた人々でした。事件の後、ネパール国内では、民衆が暴動を起こしてアメリカ大使館を襲撃しました。彼らは、「アメリカは勝手に戦争を起こして、俺たち貧乏人を次々に戦場に送って、テロリストの餌食にしている」と怒ったのです。でもこうした事情を考えればネパール人たちがアメリカ大使館を襲撃したくなる気持ちはわかりますよね。

日本でニュースを見ていると、途上国で地元民がアメリカ大使館を襲ったり、反米運動を起こしたりしているシーンが映し出されることがありますが、その背景にはこのような途上国ならではの事情があるのです。日本人はそれを知らないために、ついつい「暴動を起こす途上国の人は怖い」とか「途上国の人は血の気が多い」と考えてしまいます。しかし、途上国の人たちにも立派な言い分があるわけで、一概にアメリカが正しいとか、途上国が間違っているといったように決め付けることはできないのです。

これと似たようなことをもう一つご紹介しますと、イラクからフィリピン軍が撤退した事件を挙げることができるでしょう。

イラク戦争をはじめた当時、アメリカは自分の影響下にある国々にイラクへの派兵を強く要求しました。日本は自衛隊を派遣しましたし、フィリピンも自国の軍隊を送りました。

イラクのテロリストたちはそれに抵抗するために、外国人を次から次にさらって「軍隊を撤退させなければ人質を殺す」と要求しました。アメリカ人、イギリス人、イタリア人そして日本人など多くの記者や滞在者が人質に取られ、首を切断されたり、銃で頭を撃ち抜かれたりして殺害されました。

同じ頃、フィリピン政府も同じ問題に直面しました。テロリストによってイラクにいたフィリピン人出稼ぎ労働者が拉致されて、「即座に軍隊を撤退しなければフィリピン人の人質を殺す」と言われたのです。フィリピン政府は即座にテロリストの要求を丸ごとのみ、軍隊を国に引き揚げ、人質を守りました。

アメリカ政府はこの決断を受けて、フィリピンはテロリストの要求に屈した愚かな国だ、と批判しました。他の国からも、テロリストに負けたようなものだという意見がでました。

しかし、フィリピン政府からすれば、当然の選択だったのです。中東には百万人を超えるフィリピン人出稼ぎ労働者がおり、仕送りで家族を養っています。テロリストを敵に回すということは彼ら全員を命の危険にさらし、経済的にも大打撃をこうむることを意味していました。そのため政府は軍隊を撤退させて、現地で働く大勢のフィリピン人労働者の安全を守る必要があったのです。

このような事情をしっかりと考慮すれば、フィリピン政府は日本やアメリカとはまったく違う事情からなすべきことをしたと言えるでしょう。しかし、そうしたことを知らなければ、アメリカ政府のように自分の立場からのみ物事を捉《とら》えて、他国を批判することになってしまいます。

貧困問題を学ぶということは、こうした世界情勢を深く知るということにもつながってくるのです。

故郷に残された家族

さて、最後に、出稼ぎ労働者たちの母国のスラムへ目をもどしてみましょう。

途上国のスラムの住人たちが海外へ渡る時、家族の代表としてそこで仕事を見つけ、仕送りをするという義務を背負っています。祖国のスラムには家族が待っており、生きていくために送金を心待ちにしているのです。

次の頁の〔4－4〕はフィリピンのマニラにある鉄道沿いスラムの写真です。真昼ですが、大人も子供も何をするわけでもなく線路にたむろしていますよね。仕事がないので時間をもてあましてブラブラしているのです。

みなさんの中には、「よくこんな状態で生活していけるな」と思った人もいるのではないでしょうか。実際に、もし私たちがこのような怠惰な暮らしをはじめたら、生活が成り立つわけがありませんよね。数カ月と経《た》たないうちに預金は底をつき、食べていくことができなくなるはずです。

では、どうして彼らは生きていくことができているのでしょうか。

実は、こうした人たちは、海外へ出稼ぎに行った肉親からの仕送りを頼りにして生きているのです。フィリピンでは国民の約一割が出稼ぎ労働者で、ＧＤＰ（国内総生産）の約一割が出稼ぎ労働者たちからの送金なのです。つまり、膨大な数の国民が海外へ出稼ぎに行って、その稼ぎを国へ送っているから、故郷に残る人々はなんとか暮らしていけているのです。逆に言えば、出稼ぎ労働者たちは親族の代表として国を出

〔4－4〕線路にたむろするスラムの人々（マニラ）

て、なにがなんでも送金をして一族を養っていかなければならないのです。この関係をイラストにすると〔4－5〕のようになります。

これは日本に来て働いているフィリピン人だって同じです。フィリピンパブに熱を上げている輩《やから》は、フィリピン人ホステスのことを「フィリピーナはがめつい。何かあればすぐにお金を要求してくる」なんてたわけたことを言っています。しかし彼女たちは親族全員の生活を背負って出稼ぎに来ているわけで、取れる所から徹底的に取らなければならないのです。フィリピンパブに通う男とは背負っているモノが違うのです。

〔4－5〕家族・親戚を養う海外の出稼ぎ労働者

が、見方を変えてみますと、海外の出稼ぎ労働者たちは蟻《あり》地獄にはまったような状態で働いていると言えるかもしれません。送金すればするだけ、より多くの人たちがその恩恵に与《あず》かろうと集まってきてそれを吸い取ってしまうので、これだけ稼いだら十分ということはないのです。そのため、十年間働きつづけて一千万円以上送金したのに、帰ってみたらいっそう貧しくなっていたなんてこともざらにあるのです。

　私がフィリピンのスラムで知り合った元ホステスの女性もそうでした。かつて日本のパブで十年ほど売春をして働いて、故郷で家が十軒ぐらい建つお金を送金したのに、戻ってみたらそれはすべて親戚《しんせき》の生活費に消えており、家族は物乞《ものご》い同然の暮らしをしていたと言っていました。

とはいえ、スラムの中には成功者もいます。一つの家から先進国に何人もの子供が出稼ぎに行くことができて大金が入るようになったり、出稼ぎ労働者が海外で大成功を収めたりすることがあるのです。そのような人たちはスラムに大きな家を建てているのですぐにわかります。

私がフィリピンのスラムにいた時、そうした送金で成り立っている家は皮肉と羨望《せんぼう》の意味を込めて「アメリカンハウス」「ジャパニーズハウス」などと呼ばれていました。アメリカや日本からの仕送りで建った家をそう呼んでいるのです。

こういう話をすると、みなさんの中にはアメリカンハウスやジャパニーズハウスに対して複雑な思いを抱く人もいるかもしれません。でも、このような家に住む人々がスラムで差別を受けている人たちを救済しているという一面もあるのです。私の体験したことをお話ししましょう。

フィリピンの首都マニラにあるジャパニーズハウスを取材していたことがありました。そこにはゴッドマザーというべきお金持ちのオバちゃんが暮らしていました。七人いる子供のうち五人が日本へ出稼ぎに行っていたことで、毎月かなりの額の仕送りが届いたため、お金持ちになったのです。

このジャパニーズハウスがあるスラムには、たくさんの日本帰りのフィリピーナが暮らしていました。ほとんどがお金のない路上生活者のような人たちでした。彼女たちは日本に渡って売春婦として何年も働いて仕送りをしたものの、結局親戚たちにそれを吸い取られて無一文になってしまったのです。人々はそんなお金のなくなった彼女たちに「外国人に体を売った薄汚い元売春婦」という冷たい眼差《まなざ》しを向けていました。そのため、職に就くことも、夫をもつこともできず、わびしい生活を余儀なくされていたのです。

ジャパニーズハウスのゴッドマザーはこうした女性にひどく同情し、受け入れてあげていました。かつて日本へ行って体を売ってまで家族を養っていた彼女たちのことを「英雄」だと称《たた》えて支援を惜しみませんでした。彼女たちをジャパニーズハウスに呼び寄せてご飯を食べさせてあげたり、シャワーをつかわせてあげたり、仕事を紹介したりしていました。子供の学費も負担してあげていました。

そんなある日のこと、ジャパニーズハウスにいた女性が私のカメラを盗んで売りさばいてしまったことがありました。お金に困っていたのでしょう。私は取材でカメラが必要だったこともあり、彼女をつかまえて、「今すぐ買い戻してこい。そうでなければ警察に訴えるぞ」と怒りました。すると、ゴッドマザーがやってきてこう言いました。

「彼女を怒らないで。私がカメラを弁償するわ。だから彼女を許してあげて」

私はどうしてゴッドマザーがそこまでするのかと問いました。ちゃんと注意しないとまた同じことをくり返すのではないか、と。すると、ゴッドマザーは答えました。

「かつて彼女は日本で体を売って稼いだお金をすべて仕送りしていたのよ。親戚が取ってお金がたまらないことはわかっていたのに歯を食いしばって働きつづけてくれた。だから家族やスラムの人々が生きてこられたの。私たちは、そんな彼女のような人に感謝の念を示して支えてあげるべきだわ。今はお金もなく、盗みをすることでしか生きていけないかもしれない。けど、以前の彼女がそうだったように、私たちだって彼女を許した上で、できる限り援助をしてあげなければならないのよ」

ゴッドマザーはそういって、数万円というお金を私のポケットにねじ込んできました。

最初、私は仕方なくそれを受け取ってホテルに戻りました。しかし、そのお金だってゴッドマザーの子供が日本で必死で汗水流して稼いだお金です。そのことを考えるとそのお金がものすごく重たく感じられて、翌日には返しに行くことにしました。もちろん、カメラを盗んだ女性を怒る気持ちも失《う》せてしまいました。

ゴッドマザーの意見や行動をどうとらえるかは人それぞれです。

ただ、スラムでは、かつて海外へ渡って必死に働いていた人々が、その日の米にも困るようなひもじい生活をしていることがあります。その中で、唯一《ゆいいつ》ゴッドマザーが彼女たちに手を差し伸べています。出稼ぎ成金が、出稼ぎによって夢破れたものたちを救っているのです。

私には、そこに良いとか悪いとかいった理屈では語れない何かが横たわっているように思えてなりません。

第二部

路上生活編

第五講　路上生活者とは

いよいよ路上生活編です。

みなさんは路上生活者を四つにグループ分けしろと言われてできますか。すべてが同じように見えてしまい、なかなか難しいですよね。

私たちは何も知らないと、ついつい短絡的にすべての路上生活者たちが同じように暮らしていると考えがちです。しかし、彼らだっていろんな人がいますし、いろんな生活のあり方があるのです。

第二部では、そうしたことを細かく見ていくことで、途上国における路上生活者とは何なのかということを学んでいただきたいと思います。

路上生活者の分類

まずは、路上生活者を四つに分類してご紹介しましょう。

①路上永住者
②出稼ぎ路上生活者
③居候《いそうろう》の路上生活者
④外国人の路上生活者

①の路上永住者というのは住むべき家がどこにもなく、半永久的に路上で暮らさざるを得ない人たちのことをさします。彼らは定職があるわけではなく、日雇いや物乞《ものご》いなどで金銭を手に入れてはギリギリの生活をしています。

路上生活者たちはかならずグループになって暮らしています。仲間といた方が何かと便利ですし、安全ですし、孤独感も少ないですからね。ただ、途上国の路上生活者といっても、その生活形態は地域によって異なります。大きくアジアとアフリカと分けて考えた場合、次のようなことが言えます。

アフリカの路上生活者たちは性別ごとに「男だけのグループ」「女だけのグループ(子供あり)」といったように分かれています。それは同じような仕事をしている仲間であったり、同年代の人間で集まっている集団です。一方、アジアの路上生活者は親族ごと、あるいはいくつかの家族が集まって一つのグループを形成しています。たとえば、親族が二十人ぐらいでかたまって過ごしていたり、五世帯の親から子までが一箇所で共同生活を送ったりしているのです。比較すると、〔5－1〕のようになります。なぜこのような違いが生まれるのでしょうか。

〔5－1〕アフリカ（上）とアジア（下）の路上生活者たち

原因は様々ですが、あえて言えば「治安」と「セックス」が大きく関係しているように思えます。

アフリカの場合、町の一般庶民は路上生活者を恐れて、近づこうともしません。徹底的に無視して関わらないようにするのです。

そのため、路上生活者たちの中に「何をやっても大丈夫だ」という風潮が広がり、堂々と道端でドラッグを摂取したり、強盗事件や暴力事件を起こすようになっていきます。いわば、ギャングのような凶悪な存在になるのです。

ギャング化するということは、彼らは家族から離れて同じようなタイプの仲間だけで集まることを意味します。洗濯や料理は行わず、性欲は強姦《ごうかん》で満たします。ガールフレンドがよそにいることがあっても、グループとしては男だけが集まることになります。

実際、私もケニアの首都ナイロビなどで路上生活者と一緒に暮らしたことがあり、その中で、何度も路上生活者による強姦現場を目撃しました。男たちのグループが、一人か二人で歩いている女性を公園や物陰につれ込んで襲ってしまうのです。一般庶民や警察官は報復が怖くて止めようとはしません。女性も無駄な抵抗をすれば殺されるとわかっているので、抵抗らしい抵抗をしません。

ある男性の路上生活者はこんなことを言っていました。

「町の人間は俺たちのことを怖《おそ》れて近づこうともしない。飢えていても助けてくれないし、仲良くしようとしても銃を向けてくる。そしたら俺たちだって他人から物を奪い、女を犯すしかないじゃないか。他にどうしろっていうんだ」

こんな状況ですから、女の路上生活者たちは女だけで集まって身を守ろうとします。できるだけ多くの女同士でかたまって男たちの襲撃を防ごうとするのです。また、彼女たちは赤ん坊や子供を抱えていますから（強姦によって孕《はら》むケースもかなりありますす）、女同士で集まって世話をし合うという目的もあります。男が戦いを好んで獲物《えもの》を狙《ねら》う肉食獣だとしたら、女は群れをなして身を守ろうとする草食動物なのかもしれません。

これが、アフリカにおいて路上生活者が「男のグループ」と「女のグループ（赤子付）」に分かれている理由なのです。

では、アジアはどうなのでしょうか。

アジアでは、路上生活者は庶民の中に溶け込むようにして暮らす傾向にあります。町を歩いていてもそうした光景をよく目にします。リキシャ運転手は客がいない時は路上生活者とおしゃべりをして時間をつぶしていますし、食堂の主人はご飯が余ると路上生活者に分けてあげます。町の子供たちも遊び相手が足りない時はストリートチルドレンを誘って遊びます。つまり、町の中で庶民と路上生活者が一緒になって過ごしていることが多いのです。

こうなると路上生活者たちの犯罪率はアフリカよりぐんと落ちます。店の店長に顔を覚えられているので盗みはできませんし、強姦なぞしようものなら町の人たちにすぐに取り押えられるでしょう。庶民が違法ドラッグをやっている人たちを注意してそれを取りあげることもあります。相互監視システムのようなものがあるのです。

そのため、路上生活者の男は性欲を満たそうとしたら、ガールフレンドをつくらなければなりません。むろんそのまま結婚に至ることもあるでしょう。仲の良い夫婦であれば、子供を大切に育てるようになります。そんな家族は助け合うためにいくつか集まり、グループをつくっていくのです。

これが、アジアにおいて路上生活者が「家族単位のグループ」で暮らす背景なのです。

また、別の要因として、アフリカとアジアの路上生活者の違いを、ＨＩＶやマラリアといった「病気」から考えることもできます。

アフリカの路上生活者はＨＩＶ感染している人が非常に多く、夫婦になってもすぐに死んでしまうことがあります。逆に、アジアではそこまでＨＩＶの感染者は多くありません。これはマラリアなど他の感染症についても似たようなことが言えます。そのへんの事情から、アフリカでは路上生活者の家族が成り立ちにくく、アジアでは成り立ちやすいといえなくもないのです。

こうした治安や衛生など様々な問題が絡《から》み合った結果として、アフリカとアジアにおける路上生活者たちの違いが生まれているのです。

次に、②の出稼ぎ路上生活者について見てみましょう。

国によっては、路上生活者の多くが出稼ぎ労働者です。彼らは田舎に家をもっているのですが、そこで暮らしていけないために、一年のうち何カ月か都会で路上生活をしながら日雇い労働に勤《いそ》しんで田舎に残してきた家族に仕送りをしています。日雇い

〔5－2〕路上生活者たちは職業別に集まって住んでいる

労働の賃金が五百円だとしたら、食費は二百円に抑えられますから、家賃がかからなければ一日三百円を送金することができるのです。

インドは、こうした出稼ぎ路上生活者がとても多い国ですね。町によってはリキシャ運転手や肉体労働者などは大抵出稼ぎ路上生活者だと言えるでしょう。

〔5－2〕はインドのリキシャ運転手をやっている路上生活者たちのコミュニティと町の構図です。デリーやムンバイといった大都市には、出稼ぎ路上生活者が数多く暮らしていますが、彼らはバラバラに住んでいるのではなく、道ごとに職業別に集まって住んでいるのです。この道はリキシャ運転手、この道は肉体労働者、この道は廃品

回収者といった具合に分かれているのです。

出稼ぎ路上生活者の中には、夫人同伴も、子供づれも交じっています。ただ、夫婦は、一緒にいる単身赴任の男が妬《ねた》みますから「夜の営み」は厳禁です。世界中どこでもそうでしょうが、単身赴任の男ほど男女関係に嫉妬《しっと》深い輩《やから》はいませんし、下手に刺激すると間男に変身しかねませんからね。

とはいえ、出稼ぎ肉体労働者の共同生活にまったく情事がないとは言えません。妻が他の男と浮気をしたのがバレて殴り合いに発展したり、娘が労働者の一人をボーイフレンドにして駆け落ちしたりするなんてことがよくあります。出稼ぎ路上生活者の場合は、「労働者同士の合宿」のような雰囲気がありますから、少々いい気になって羽目を外してしまう輩もいるのです。

打ち明けますと、恥ずかしながら私も色事に巻き込まれて追い出された経験のある身なのです。あれはインドのデリーで取材をしていた時のことでした。ある晩、路上生活者たちと道路に横になって眠っていたところ、なにやら股間《こかん》の辺りがモゾモゾします。目を覚まして見てみると、お世話になっていたオバサンが私の股間に顔をうずめているのです。オバサンの旦那《だんな》は何も知らず、隣でいびきをかいています。

私は焦《あせ》って、「勘弁して下さい。ご主人に見つかったら殺されます」と声をひそめて訴えました。すると、オバサンは股間から顔を上げてニッと笑うと、「ノー・プロブレム」と答えただけで、また股間に顔をうずめました。私は旦那にバレて殴られるのは嫌ですし、そもそもこんな所でエッチをする気になるほど若くはありませんから、瀕死《ひんし》の芋虫よろしく身悶《みもだ》えして逃れようとしました。たぶん、オバサンは私があまりに抵抗するものですから頭にきたのでしょう、突然すっくと立ち上がると怒鳴りだしました。

「この変な日本人が私に襲いかかってきた！」

おいおい真逆だろ、と思いましたが、時すでに遅し。夫が眼覚め、私はぶん殴られ、「二度と来るな、この変態日本人」と罵《ののし》られて追放されてしまったのです。

いやはや、どこの国でも、プライドを傷つけられたオバサンほど怖いものはありません。

次に、③の居候の路上生活者についてご説明しましょう。あまり知られていませんが、途上国には家をもたずに親戚《しんせき》や友達の家を転々として暮らしている人がいるのです。Aさんの家に一週間泊まっては、Bさんの家に二週間泊まる、といったような生活をしているのです。

――もし機会があれば、スラムの家をのぞいて親族関係を確かめてみてください。十人ぐらいいると、家族もよくわかっていない「知り合い」を名乗る身元不詳の変なオジサンが一人ぐらい紛れ込んでいます。マヌケな父親が日雇いの仕事で知り合ったり、路上で酒を飲んでいて仲良くなったりした勢いでつれてきて、そのまま居着かれてしまうのです。

大抵この居候オジサンは身の程をわきまえずに家の中で問題を引き起して家族に追い出されます。居候のくせに働きもせずにご飯だけ食べて、奥さんの尻《しり》をなでたり、小銭を盗もうとしたりして出て行かされるのです。居候オジサンは仕方なく次の居候先が見つかるまで路上で寝泊まりします。これが、「居候の路上生活者」の正体なのです。

しかし、「寅《とら》さん」じゃないですが、こういうフーテンには憎めない所があったりするんですよね。町から町へと放浪して、いろんなことをやりながら生きていますから、かなり物知りで調子がいいのです。居候ついでにバラック修理をしてくれたり、結婚式の飾り付けをつくってくれたり、家庭内暴力をふるうダンナを説教して諭したりしてくれたりするのです。

思えば、私も取材をする中で、居候オジサンに多大な協力をしてもらいました。彼らは表の世界も、裏の世界も知り尽くしている上に、大勢の知り合いがいるので、ガイドとしては最適なのです。

最後に④の「外国人の路上生活者」について見ていきましょう。第一部のスラム編で述べましたが、都市には大勢の外国人出稼ぎ労働者がいます。そうした人々が怪我《けが》をしたり、会社が倒産してしまったりすることで、職を失って、路上生活者になることがあります。

みなさんの中には、外国人だったら大使館へ行って強制送還してもらえばいいじゃないかと思う人もいるでしょう。しかし、彼らには深い事情があって、異境の地で路上生活者になることを余儀なくされているのです。

かつてマレーシアで会ったインド人路上生活者がそうでした。彼らは首都クアラルンプールにやってきて、建築現場で働いていたのですが、腰を痛めて働けなくなり、路上で暮らすことになったのです。私はそんな彼に「なぜ帰らないのか」と尋ねました。外国で路上生活をするなら母国に戻ったって同じじゃないかと思ったのです。彼は次のように答えました。

「俺は莫大《ばくだい》な借金をして、この国にやってきたんだ。俺からの仕送りが止まれば、代わりに家族が返済しなきゃならなくなる。おそらく今頃は妻や娘が体を売って借金を返しているだろう。そんなことをしてしまった俺が今さらどんな顔をして故郷に帰れるというんだ。もうここに残るしかないんだよ」

出稼ぎ労働者の多くは、背水の陣で海外に出ており、夢破れたからといっておいそれと帰れるような状況ではないのです。そうした人々が外国人路上生活者として都市に居着くようになるのです。

近年頻繁にグローバル化の時代と叫ばれていますが、それはマクロの経済や商品ばかりでなく、貧困の分野でも起きている問題なのです。

路上生活の天敵

路上生活者だからといって、好き勝手な所で寝泊まりしているわけではありません。彼らには彼らなりの生活のノウハウがあるのです。

路上生活者にとっての一番の天敵が何かわかりますか。どの国でも当てはまるのが次の二つです。

①季節

②警察

路上生活者にとって、季節の変化が生活にもろに影響を与えることは想像がつきますよね。寒さなんてその典型でしょう。北欧など寒い地域では「マンホールハウス」なるものがあります。

マンホールの中は真っ暗で異臭も満ちていますが、雨や雪をしのぐことができます。気温が氷点下になる極寒の国では、とてもありがたい場所なのです。人々はマンホール内の通路の一角を自室にして、夫婦できちんとおさまって暮らしています。

が、悲しいかな、マンホールはアリの巣のようにつながっているため、夫婦の夜の営みの声が響き渡ることがあるのです。私も聞いたことがありますが、女性のあえぎ声が下水道全体にこだまするのです。時には、男性の喜悦する声が絶叫さながらに響き渡ることがあります。私のような独り身の外国人からすれば、まったく不愉快極まりなく、無性に怒りがこみ上げ、孤独になり、人間不信に陥ります。

では、暑い国はどうなのでしょうか。それには、それなりの苦労があります。

中東などでは真夏の気温は五十度にもなります。この状況では、外でじっとしているとまたたく間に熱中症になって干からびてしまいますので、路上生活者はほとんどいません。何かしらの住居をつくって暮らしているのです。

問題は、南アジアや東南アジアです。暑さは中東ほどではないので、真夏でも通りには路上生活者があふれんばかりにいます。ところが、異常気象などによって突然気温が五十度を超すようなことがあるのです。こんな時、体力のない路上生活者はすぐに体調を壊し、文字通りバタバタと死んでいきます。そのため、毎年夏に異常気象のニュースがつたえられると、同時に何百人の路上生活者が死んだと報じられることがよくあります。異常気象や温暖化というのは真っ先に貧困者の命を奪うのです。

ただ、暑いとか、寒いといった問題は、ある程度予期して対策を立てて被害を最小限度に抑えることが可能です。そうならないのが、洪水や台風などでしょう。

途上国の都市は大抵水はけが悪いため、大雨が降ると一瞬で道路が水に飲み込まれてしまう場合があります。この最悪の被害国が、第一講で高床式スラムの説明で紹介したバングラデシュです。

バングラデシュでは雨季になるとモンスーンに襲われて国土の大半が水につかってしまいます。この被害を一番に受けるのが、首都ダッカだけで推定二百万とも三百万ともいわれる路上生活者です。眠っている最中にみるみるうちに水位が上がってきて流されてしまうことがしばしばあります。

かつて、私もこれで死にかけたことがありました。路上で雨宿りをしながらストリートチルドレンたちと話をしていたら、ほんの数分のうちに水位が上がってきたのです。逃げようとしたら鉄砲水のような洪水が襲ってきて、一緒にいた子供が一人流されてしまいました。私たちはなんとか近くのビルの屋上に上がってことなきを得まし

〔5－3〕濁流の中から「お宝」を探す浮浪児たち

たが、一歩間違えていたら流されてしまって土左衛門《どざえもん》になっていたでしょう。

また、雨が降ってすぐにビルなどに逃れたとしても、それで終わるわけではありません。雨季にはスコールのような雨が数分おきに何日も降りつづき、避難した人たちが閉じ込められてしまうことがあるのです。屋上で雨に打たれながら寝るわけにもいきませんし、物乞《ものご》いもできませんし、ご飯も食べられません。想像を絶する困窮した生活が待っています。

でも、路上生活者たちには、こうした災害さえも味方につけてしまう強さがあります。

たとえば、大雨が降ればたくさんのものが流されます。その中に、「お宝」が交ざ

〔5－4〕火災でできた灰の山からも「お宝」を探す

っていることも珍しくはありません。路上生活者たちは、洪水の直後さっそくお宝探しをはじめます。〔5－3〕は、雨による濁流の中から、売れる物を拾い上げようとしている浮浪児たちです。

これは火災の時も同じですね。火災でできた灰の山には「お宝」が埋もれている可能性があるのです。路上生活者たちはそういう所へ集まり、「お宝」を見つけようと競い合って漁《あさ》るのです。〔5－4〕がそれですね。まぁ、これぐらいたくましくなければ、数百万人もの路上生活者がしのぎを削る町で生き延びることはできないのでしょう。

次に、もう一つの天敵である「警察」についても見ていきましょう。

世界のどの国でも、公共の場で寝起きして暮らすことは違法です。つまり、路上生活は違法行為であり、警察や住民に出て行けと言われれば従うしかないのです。

ただ、路上生活者は出て行けと言われても行き先がないので、見逃してもらうために「賄賂《わいろ》」を支払わなければなりません。ところが、警察官によってはこの賄賂がバカ高いことがあるのです。ひどい奴《やつ》になると暴力をふるって所持金のすべてを強引に奪ったりします。このような事情から、どこの国の路上生活者も一番怖いものとは何かと訊《き》かれれば、真っ先に「警察」と答えます。

こうした路上生活者に対する締め付けを風刺した都市伝説というのがあります。広くつたわっているものなので、ご紹介しましょう。

「インドの首都ニューデリーで、国際会議が行われた。インド政府は膨大な数の路上生活者を海外の首脳に見せたくないために、彼らを追い出すことに決めた。

そこで、政府は巨大なトラックを用意した。そして路上生活者を片っ端から荷台に乗せて、郊外へつれていくとダイナマイトで殺してしまった」

これは「いつもは路上生活者をほったらかしているくせに、大事な行事がある時だけいい格好をしようとして、あわてて貧困者を押しやって隠そうとしている」という国への見事な風刺となっています。

インドだけでなく、中東バージョンや、アフリカバージョンもあります。トラックでつれ去って砂漠のど真ん中に置き去りにしただとか、奴隷船《どれいせん》につめこんで売りさばいただのというオチになります。そういえば、北京《ペキン》五輪の時も「公安が北京から物乞いをすべて追い出している」という話がありましたね。

多かれ少なかれ、それに近いことが行われているからこそ、それが都市伝説化して「殺した」なんていうオチがついて世界中に広がっているのでしょう。庶民の噂《うわさ》をあなどることなかれ。

第六講 恋愛から婚姻

今回お話しするのは、路上生活者たちの食事から結婚までです。彼らは何を食べ、どんな恋愛をし、誰と結婚し、なぜ不倫をするのか。そういうことを説明していきたいと思います。

人間の本質的な部分はどこで暮らそうと変わりませんが、生活環境によって生き方や行動に特徴がでることがあります。路上だからこそ起こりえる痴話ゲンカや人間関係というものが存在するのです。

そうしたことを一つずつ見ていくことで、路上で生きることとはどういうことなのかということを感じ取っていただければと思います。

食べ物・結婚・性生活

路上生活者たちがつくるコミュニティの中には様々な友達や家族が集まっています

〔6－1〕コミュニティ内での食事の光景

が、そこには家族のような結びつきがあります。

たとえば、十人が一緒になって暮らしていたとしたら、大人は全員「親」で、子供は全員「子供・兄弟」なのです。大人は悪いことをした子供がいたら血のつながりがあろうとなかろうと叱《しか》りますし、子供は年下の子供を弟や妹と見なして子守をするのです。いわば、コミュニティ全体が一つの大家族になっているのです。

これを象徴するのが、コミュニティ内での食事の風景です〔6－1〕。

大人の男たちはそれぞれ同じ額だけ食費として出し、女たちはまとめて食材を買い、手分けして全員分の料理をいっぺんにするのです。こうすれば、食費や薪代《たきぎ》を節約することができますよね。実際、調理をしているところをのぞくと、女たちが五十人分のジャガイモをむいていたり、米を炊《た》いていたりする光景に出くわします。まるで給食のオバちゃんです。

路上生活に入り込もうとする時、これを知らないと痛い目にあってしまいます。一度、女性たちと仲良くするために、簡単な気持ちで「ご飯の準備手伝いますよ」なんて言ったところ、ドーンと玉ねぎが百個以上出てきて全部微塵《みじん》切りにしてくれと頼まれたことがありました。路上生活をする女たちは気が強く、遠慮も何もあったもんじゃないのです。おかげで一時間以上ひたすら玉ねぎを刻みつづけ、目が開けられなくなったことがありました。善意も場所をわきまえないと悲劇につながってしまうのです。

万事がこんな調子ですから、一回の食事の用意に二時間も三時間もかかります。これを日に三回、それと片付けや洗濯をやれば一日が終わってしまいます。

このため、母親は授乳期間中の赤子を除いて幼い子供の世話をすることはありません。幼児の世話は、その兄や姉の仕事なのです。

途上国へ行くと、〔6－2〕のように小学生ぐらいの子供が幼児をおんぶして世話をしているような光景に出くわすことがあるでしょう。実はこの二人には血のつながりはなく、コミュニティ内の姉妹ということで世話をしているのです。路上の暮らしにおいて、血のつながりというのは必ずしも重要なものではないのです。

コミュニティが大家族である以上、日用品の貸し借りも当たり前のように行われています。鍋《なべ》や食器のような物から、ポルノ写真や大麻吸引用パイプまで様々なものが使い回しされます。ただ、時には想像もしなかったような、とんでもないものまで貸し借りされていることがあります。

以前、私が路上生活者たちと暮らしていた時に、サイの角のようなとんがったものが転がっているのを見つけたことがありました。何につかうのかわからなかったのですが、先がいい感じにとがっていたので、孫の手のように背中をかく道具にしていました。そしたら突然それがブイーンと動き出したのです。「お、マッサージ器だったのか」と思ってそれを体中に押し当てていました。すると、一緒に暮らしていた路上生活者がびっくりして飛んできてこう言いました。

「おい、そんなことにつかうなよ。それは友達から借りた大人のオモチャなんだから。電池が切れたらどうしてくれるんだ！」

絶句です。彼らは大人のオモチャまで仲

〔6－2〕幼児の世話をする子供

〔6－3〕路上で売られている「大人のオモチャ」

間同士で貸し借りをしていたのです。どうりでなんだか生臭い生々しい臭いがするはずです。

その夜から私はブイーンという音に敏感になり、それが聞こえる度に興奮して眠れなくなってしまったことは言うまでもありません。

そうそう、先日インドに行きましたら、路上でそれと同じ型の大人のオモチャを売っていましたので写真に収めてきました。〔6－3〕がそれです。

講義がエッチな方向へ向かいつつありますが、下ネタついでに、恋愛についてもお話しましょう。

コミュニティの中には若い年頃の男女もたくさんいます。彼らの最大の関心事は言わずもがな「恋愛」です。古今東西、年頃の男と女が寝起きを共にして何もないことなんてありえないのです。そう、恋の魔物は路上にも舞い降りてくるのです。

コミュニティ内の男女に恋愛問題が起きるのは、十代の前半から半ば頃でしょう。これまで兄と妹の関係だったはずの二人が、小さな出来事をきっかけにして突然一人の男と女になってしまうのです。恋の炎は一度燃え広がってしまうと、誰にも消し止めることはできなくなります。ある国で「恋する男女は盲目の荒馬だ」という格言を教わりましたが、路上とて同じなのです。

路上生活者たちと暮らしていると、時々そんな男女の恋に遭遇することがあります。たとえば、ある夜、私は路上生活者に交じってアスファルトに襤褸《ぼろ》を敷いて眠っていました。合計二十人ぐらいが横になっていたでしょうか。

草木も眠る丑三《うしみ》つ時《どき》、私は何かが当たるような感触がして目を覚ましました。すると私の右に寝ていた男と左に寝ていた女が、私を挟んで木の枝でお互いをつついてじゃれ合っているのです。二人は元々恋人として交際していたのでしょう。それでバラバラに寝ているのが我慢できなくなり、みんなが寝静まったのを見計らって、枝で胸や脇《わき》をツンツンし合いはじめたに違いありません。

私は非常に不愉快でした。二人がつつく枝には葉っぱがついており、いちいちそれが私の顔やハゲ頭をくすぐるのです。恋する二人はそんなことお構いなしに、ツンツンやっては「あん」とか「うっふん」とかバカみたいな声をだして二人だけの甘ったるい世界をつくっています。よほど親父《おやじ》に告げ口してやろうかと思いましたが、若いカップル相手にそこまでするのも大人気ないなと思いとどまったものの、私の興奮と怒りは冷めやらず、翌日から一切口をきかなくなりました。まぁ、単純に嫉妬《しっと》していただけなんですが。

こうしたコミュニティで生まれたカップルが結婚に至ることも珍しくないようです。両親としてもかわいい娘にいつまでも独身のまま路上で寝起きさせるのは心配らしく、積極的にコミュニティの男性と結婚させようとするのです。生活レベルが同じなので結婚の同意も得やすいということもあるでしょう。

路上生活者同士が結婚した場合、基本的にはコミュニティを離れて暮らします。別のコミュニティに入るか、二人でバラックを借りて暮らすのです。夫婦にとってみればお互いの親ほど邪魔な存在はないので、結婚を理由にコミュニティを離れるのが暗黙の了解となっているのです。

別のコミュニティに移った場合でも、新婚夫婦はアスファルトで仲間と共に雑魚寝《ざこね》をしなければなりません。新婚さんといえど、さすがにそこでセックスするわけにはいきませんよね（密《ひそ》かにやっている不届き者もいますが）。

そのため、新婚夫婦はその気になるとコソコソとビルの陰や公園の茂みへ行って二人だけの時間を満喫するのです。おかげで、都会の真ん中にある公園がラブホテル化してしまっているケースが多々あります。

〔6－4〕をご覧下さい。ちょっと見ただけでは芝生ですが、目を凝らしてみると使用済みのコンドームがたくさん散乱していることがわかるでしょう。毎晩のように夫婦がやってきて、ことを済ませ、コンドームを投げ捨てて去っていくのです。「夏草や、ツワモノどもが夢のあと」って感じですよね。

〔6－4〕
公園がラブホテル化した結果……

こんな公園へ、おちおち家族連れで遊びに行けたもんじゃありません。私もこの公園を歩いている最中に、まるでバナナの皮でも踏んだようにコンドームで滑ってコケそうになったことがありました。まるで往年のギャグ漫画のマヌケな主人公です。みなさんも、海外の公園を歩く時は足元に十分ご注意を。

重婚・強姦《ごうかん》

路上で暮らす人々の結婚生活にも不倫や浮気といった「不貞の恋」はあります。ただ、中でも特徴的なのが「重婚」です。

路上生活者たちの中では、私たちが想像するよりもはるかに重婚が行われています。誰かと結婚しているのに、また別の人と結婚してしまうことです。ここには、一夫多妻制のようなものも含まれます。

なぜそのようなことになるのでしょう。大きな理由は次の通りです。

①婚姻届けを出さない
②浮浪的生活ゆえの重婚
③助け合いの重婚

順番に見てみましょう。

①は法律上の問題です。一般の人々は婚姻の際に役所に届け出をして、法的に夫婦として認められることになります。

ところが、路上生活者たちはそもそも社会から見捨てられて、法や制度とは無縁の暮らしをしているため、役所に届けて認めてもらおうという発想がないのです。また、届けを出したくても連絡先も住所もなければ、文字の読み書きもできないという事情もあります。路上生活者には婚姻届けを出す能力も必要性もないのです。

男女が婚姻届けを提出せず、お互いの間に法的な拘束力が一切ないと、同棲《どうせい》と何一つ変わりません。浮気したり、別れたりしたからといって、慰謝料や養育費を払う義務もありませんし、親権がなくなるなんてこともありません。路上生活者の結婚は、単なる恋愛関係と同じようなものなのです。

そのため、彼らはすぐに別れたり、くっついたり、フタマタをかけたりします。これが、彼らの結婚回数が多かったり、重婚が頻繁に起きる理由なのです。

②「浮浪的生活ゆえの重婚」の場合は、路上生活者の流浪的《るろうてき》な暮らしぶりに由来するものです。

路上生活者たちは一箇所に留まらず、町から町へ、国から国へと移動しながら生きています。元々家も定職もないので、あっちは儲《もう》かるとか、そっちは安全で住み心地が良いと聞けばすぐに行ってしまうのです。同じ場所で一年以上暮らすということはほとんどないと言えるでしょう。

そしてこの際に、家族がバラバラになってしまうことが多いのです。夫が妻子を残して一人で別の町へ移ってしまうこともあります。当然、あっちへいけばあっちの出会いがあり、こっちへ行けばこっちの出会いがあります。行く先々でパートナーを見つけ、子供をつくっていれば、自然と重婚ということになりますよね。

実際、路上生活者に尋ねてみると、あっちの町に妻が二人いて、こっちの町に妻が三人いるなんてことを豪語されることがあります。それはこのような流浪的な暮らしぶりから生み出される婚姻の形だと言えるのです。もっとも、裕福な日本にだって、そんな野良猫《のらねこ》のような輩《やから》は少なからずおりますが。
③「助け合いの重婚」は、路上生活者が厳しい生活を生き抜くための手段としての婚姻形態です。
どこの国でも女性の路上生活者は男性よりもはるかに厳しい状況に置かれています。子供を育てなければならなかったり、日雇いの仕事に就きづらかったり、強姦や強盗の危険にさらされていたりしています。特にイスラーム諸国などでは、女の路上生活者は一人ではろくに歩き回ることができないために、物乞《ものご》いすらできないという状況に置かれることもあるのです。

男性の路上生活者はそんな女性を不憫《ふびん》に思って手を差し伸べようとしますが、宗教の決まりで婚姻関係がなければ異性に近づくことができません。そこで男性はその女性と婚姻関係を結んでから助けてあげます。一人だけならともかく、さらに一人、またもう一人と助けようとしたら重婚をせざるをえなくなりますよね。こうして一夫多妻が成り立つのです。

でも、男の路上生活者だって暮らしに困っているはずなのに、なぜわざわざ結婚して女性を助けるようなことまでするのでしょう。実は、これ、イスラームの神アッラーの教えなのです。

一夫多妻が認められる切っ掛けになったのは、六二五年のウフドの戦いの後でした。この戦いによって、イスラームの国は戦争に負けて膨大な数の未亡人が出ました。預言者ムハンマドは路頭に迷っている戦争未亡人たちを助けるために一人につき四人までの妻を娶《めと》ることを許したのです。ここではじめて、イスラームの国に「困っている女性を助けるための一夫多妻制」ができ上がったのです。

路上生活者の男たちが自らも貧しいのに次々と女性を娶っていくのはこのためなのです。彼らは教えを忠実に守って、生活に困窮している女性を妻にして暮らしているのです。

ともあれ、こうして見てみると、私たちのイメージする一夫多妻制と路上で行われているそれとの間に、ずいぶん開きがあるのがおわかりになるでしょう。

さて、ざっと様々な重婚の形を見てきましたが、ここで一つ注目しなければならないのが子供についてです。結婚回数が多ければ、当然子供の数も増えていってしまいます。

通常、私たちは子供がたくさん生まれれば生活が苦しくなりますし、面倒を見るのが大変だと考えて、計画的に避妊をします。しかし、路上生活者たちは初めから貧しいですし、子育てを子供に託してしまいますので、出産にためらいがなく、五人も六人も産んでいくのです。

こうなると、どんな問題が起きるのでしょう。

路上生活者がどんどん増えていってしまうのです。また、路上生活者はその国の中では差別を受ける宗教的、民族的マイノリティーであることが多いため、そういう人たちが増えていって主流派の人々の脅威となるのです。

昔、インドのある政治家と話をしていた時に、こんなことを言われました。

「コルカタの路上には貧乏なバングラデシュ人やイスラーム教徒が何十万人、何百万人と住んでいる。彼らが次から次に重婚をして子供を産むものだから、そんな人間たちがどんどん増えていってしまっている。主流派のヒンドゥ教徒のインド人が家族計画をして経済を発展させようとしても、彼らがどんどん増殖して足を引っ張るので努力が水の泡になってしまう。この町が健全に発展するには路上生活者を全部追い出さなきゃならないんだよ」

極端な意見ではありますが、主流派の人たちの中には、このような目で路上生活者たちを見ている人がいるのも事実なのです。

でも、これだって日本に譬《たと》えてみればわかりますよね。

もし東南アジアから何百万人という人々が押し寄せてきてホームレスになったとします。彼らが路上で強姦をしたり、重婚をしたりして、十人も十五人も子供を産めば、どんどんホームレスが増えていき、やがては日本人よりも多くなるかもしれません。さて、あなたは、そんな状況を笑顔で見ていられますか?

事実、途上国ではそういうことが起きているのです。そして、こうしたことが外国人や少数民族への弾圧や暴力につながっていくことも少なくないのです。路上生活者たちの婚姻だけをテーマにしてもものすごく難しい問題が横たわっていると言えるでしょう。

第七講　出産から葬儀

前回は、路上のコミュニティにおける生活から結婚までを見ていきました。今回はこのつづき、つまり路上生活者がどのようにお産をするのかということから、その死までを考えていきます。

出産

路上生活者が結婚をして夫婦生活を営めば、当然子供を授かることになります。路上には〔7－1〕のような赤ちゃんをたくさん見ることができます。

路上生活者が出産をする場合、二通りの選択肢があります。

①無料の公立病院などで産む。

②路上で産婆《さんば》に手伝ってもらって産む。

発展途上国の場合、公立病院では大抵お産は無料でやっています。お産を有料にし

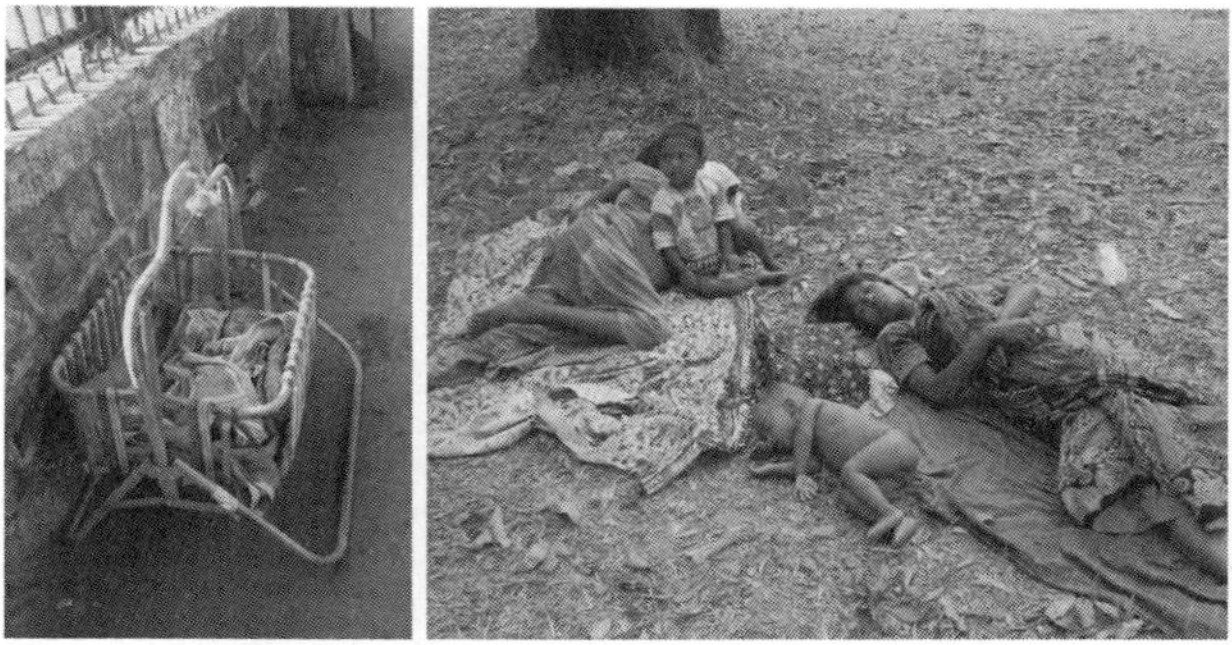

〔7－1〕路上生活者の赤ちゃん

たら誰も病院に行けなくなって、母子共に出産における死亡率がものすごく上がることになりますからね。

ただ、こうした病院でのお産はいたって簡単なもので、「お産の直前に来れば、とりあえず分娩《ぶんべん》だけは手伝ってあげるよ」程度のものです。日本のように事前に色々と検査をしたり、数日前から入院して準備をするなんていうことはありません。陣痛がはじまってようやく病院に立ち入ることが許され、出産後すぐに帰宅させせられるというのが一般的なのです。

路上生活をする妊婦の側も、そうせざるをえないという事情もあります。彼女たちはその日暮らしをしていますから、一日でも仕事を休めば食いっぱぐれてしまうのです。

そのため、陣痛がはじまるギリギリまで仕事をして、お産が済んだらすぐに退院し、再び仕事に戻らなければなりません。ですから、路上でいきなり破水したなんていう話はしょっちゅう聞きますし、私も目撃したことがあります。

あれは、エチオピアの首都アディスアベバの市場にいた時のことでした。私が大きな市場を散策していましたら、前にいた女性が突然しゃがみこんだかと思うと破水してしまったのです。私は絶句するも、どうしてよいかわからず、「救急車、救急車」とオロオロしていました。すると、どこからともなく路上生活者の男たちが集まってきて、大きな板にその女性を乗せたかと思うと、みんなでお神輿《みこし》を担《かつ》ぐようにワッショイ、ワッショイと病院へ連れて行ったのです。

そう、路上生活者たちの中では、女性の分娩がはじまったら、その場にいる男たちが協力して病院へ運ぶというのが約束事になっているのです。むろん、これは出産だけではありません。病気や事故があれば、その場にいる全員が仕事も何もかもほっぽりだして助けに駆けつけるのです。こうした人情が路上生活者の切羽詰まったギリギリの生活をかろうじて支えているのです。

とはいえ、公立の病院が、かならずしも万能というわけではありません。国によって違いはありますが、無償であるがゆえに様々な問題があるのも事実です。代表的なものを挙げてみますと、「政府の病院は常に混んでいる」「いい加減な対応が多く『とりちがい』が起こる」「政府がろくに給料を払っておらず、医者にまともに働く意思がない」などです。

〔7−2〕をご覧下さい。インドにある政府の病院ですが、入り口にはテントが張られています。診察してもらうまで一日、時には何日も待たなければならず、ついには患者たちが敷地内に住みはじめているのです。

こんなんでは、急患はたまったもんじゃありませんよね。お母さんの股《また》から赤ちゃんの頭がでているのに、廊下で二日待ちなんてこともあるかもしれません。こうしたことから、路上生活者の中には病院で放っておかれるなら、路上で産んでも大差はないと考えて、道端で出産する女性も出てくるのです。

〔7−2〕
病院の敷地内に住み始めた患者たち

路上での出産を決意した女性たちに重宝がられるのは「路上の産婆」なる人です。田舎ではまだまだ産婆が残っており、そうした人たちが何らかの理由で都会に出てきたりすると、「路上の産婆」として大活躍するのです。彼女たちはお金をもらうことはしませんが、その代わり人々から敬われ、しょっちゅう差し入れなどをもらえるので、あまり働かなくてもよくなります。いわば、「名物婆《ばあ》さん」みたいな存在になるのです。

もしその地区に産婆がいない場合は、先輩の路上生活者が代役を務めます。途上国には十五回とか二十回というとんでもない数の出産経験があるような女性がおり、そういう人たちが産婆の役割を担《にな》うのです。さすがにそれぐらいお産をしていると、自分でもいろんなノウハウが身につくようになるのかもしれませんね。

かつて私がアフリカのタンザニアで知り合った路上の産婆さんにマドンナという本当か嘘《うそ》かわからないような名前のオバちゃんがいました。

マドンナは遠くから路上生活者の妊婦が噂《うわさ》を聞きつけてやってくるほど人気があり、頻繁にお産を手伝っていました。ある日、私は彼女に「少しでもお金を取ればいいじゃないか」と言いました。そうすれば路上で寝泊まりせず、バラックに暮らすぐらいのお金はできるはずだからです。しかし、マドンナは苦笑して次のように答えました。

「アフリカでは、みんなお金を目当てに戦争をしたり、虐殺《ぎゃくさつ》をしたりしている。私は赤ちゃんが生まれてくる時ぐらいはお金に関係なくやってあげたいのさ。生まれた時から赤ちゃんをお金の毒にさらしたくないんだよ。だから、私は路上の産婆で満足なんだ」

私はそれを聞いた時、マドンナがみんなから好かれて頼りにされているわけがわかったような気がしました。

しかし、熟練した産婆にも、どうすることもできない難産や事故があるものです。産婆たちは自分では手におえないと判断した場合は、すぐに病院へ運びますが、それでも手遅れになってしまうことは多々あります。

一例として日本の乳児死亡率と海外のそれを比べてみましょう。

生後から28日以内の乳児の年間死亡者数（1000人あたり）

日本……………………1人
米国……………………4人
中国……………………18人
シエラレオネ…………56人
アフガニスタン………60人

※出典「世界子供白書特別版2010」（UNICEF）

日本とアフガニスタンを比べると、実に六十倍の新生児死亡者数になるのです。単純計算すれば、日本で一人が亡《な》くなるのに対して、アフガニスタンでは六十人が命を落としているのです。

妊産婦死亡者数はどうでしょう。

妊産婦の年間死亡者数（10万人あたり）

日本……………………6人
米国……………………11人
中国……………………45人
シエラレオネ…………2100人
アフガニスタン………1800人

※出典「世界子供白書2008」（UNICEF）

日本とシエラレオネを比較した場合、シエラレオネでは三百五十倍の死亡率なのです。つまり、日本で一人の妊産婦が亡くなっているのに対して三百五十人が亡くなっているのです。

私自身こうした路上の出産に立ち会って、その劣悪な環境に目を丸くしたことがあります。かつてインドとケニアで路上生活者のお産に立ち会った時、産婆は汚れて真っ黒の手で血だらけの胎盤をかき出し、赤子を下水で洗っていました。

それから数日後にもう一度会いに行ったところ、赤ちゃんの耳からは大量の膿《うみ》があふれだしていました。後で医者に訊《き》いたら「ばい菌が耳の中にまで達して中耳炎を起こしたのだろう」とのことでした。こんな状態ですので、生まれつき体の強い子以外は乳児のうちに何らかの感染症に罹《かか》って死んでしまうのです。

ところで、路上で生まれた子は役所に届けるのでしょうか？

これは国や地域によって違いますが、役所に届けると国から数百円から数千円程度のお祝いをもらえることがあり、それを目当てに届け出るのが一般的なようです。

面白いのは、誕生日です。路上生活者は仕事に必要な曜日の感覚はあっても、年月日を記憶する習慣がないので子供が生まれても誕生日を憶えたり、記録したりすることが少ないのです。子供が幼いうちは三歳とか七歳とか大体の感覚でわかりますが、成人になると想像もつかなくなってしまいます。そこで路上生活者たちは区切りのいい年齢で、「大体三十歳だろう」「たぶん四十歳ぐらいだろう」と自分の年齢を認識す

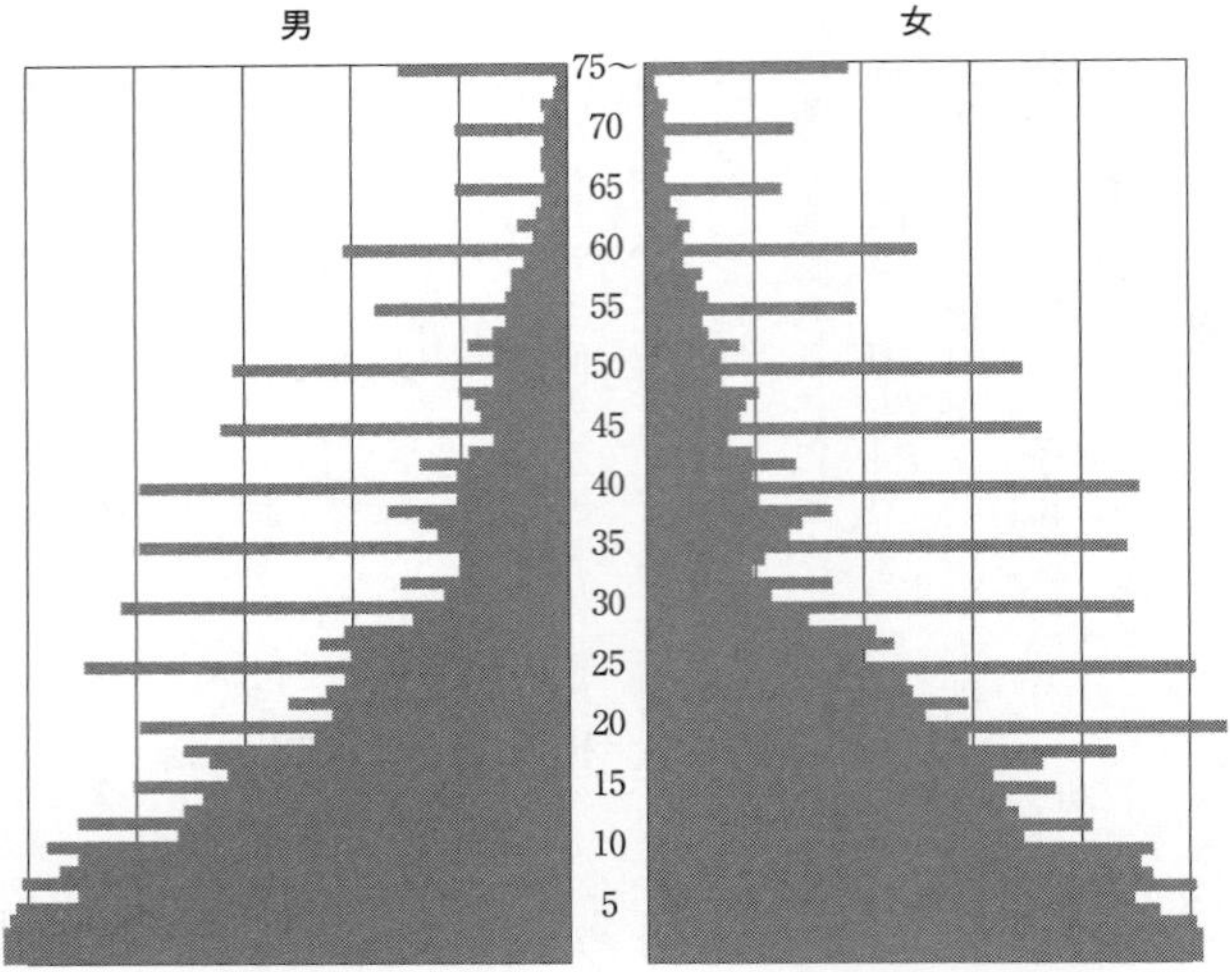

〔7－3〕インドネシアの年齢別人口（2000年）出典：日本の総務省統計局資料

るようになるのです。

〔7－3〕の表を見てください。これはインドネシア人の年齢を表したものです。三十歳、三十五歳、四十歳、四十五歳といったキリのいい年齢だけが多くて、三十一歳から三十四歳などの数は少ないですね。みんな自分の誕生日を知らないから、調査を受けた時キリのいい数で三十歳とか、四十歳と答えているためにこんないびつな表が出来上がってしまうのです。

路上生活者にも同じことが言えます。誕生日や日付の概念とは関係のないところで生きていますから、自分がいつ生まれて何歳かということがわからないのです。そのため、ほとんどの人がおおよその目安で年齢を答えるので、私の取材ノートに記された年齢は九割方きりのいい数字になってしまっています。でも、これこそが逆の意味での「ノンフィクション」なのです。

病気

さて、次に病気の話をいたしましょう。

路上生活者たちが暮らす環境は、下水や生ゴミが散乱しており、日本とは比べものにならないぐらい非衛生的です。生まれた時からばい菌に埋もれるように暮らしていると言っても過言ではありません。

彼らにとって最大の天敵は感染症です。私たちの周りには様々なウィルスや細菌がおり、それが体内に入り込むことで人は病に罹ってしまいます。日本人のように清潔な環境で、一日三食バランスのとれたご飯を食べていればなかなか病気にはなりませんが、途上国の不潔な路上で寝起きし、ろくに食べ物も口にできない状態だと体調を崩しやすく、病気の悪化も早くなりがちです。

論より証拠。日本の子供の死因と、アフリカの子供の死因を比べてみましょう。

日本の子供の死因（1歳～4歳）

1位　不慮の事故
2位　先天奇形
3位　悪性新生物
4位　心疾患
5位　肺炎

アフリカの子供の死因（新生児疾患を除く）

1位　肺炎
2位　下痢性疾患
3位　マラリア
4位　HIV／AIDS
5位　麻疹《ましん》（はしか）

※出典　日本の子供の死因「平成18年度人口動態統計」（厚生労働省）、
アフリカの子供の死因「世界保健統計2007」（世界保健機関）

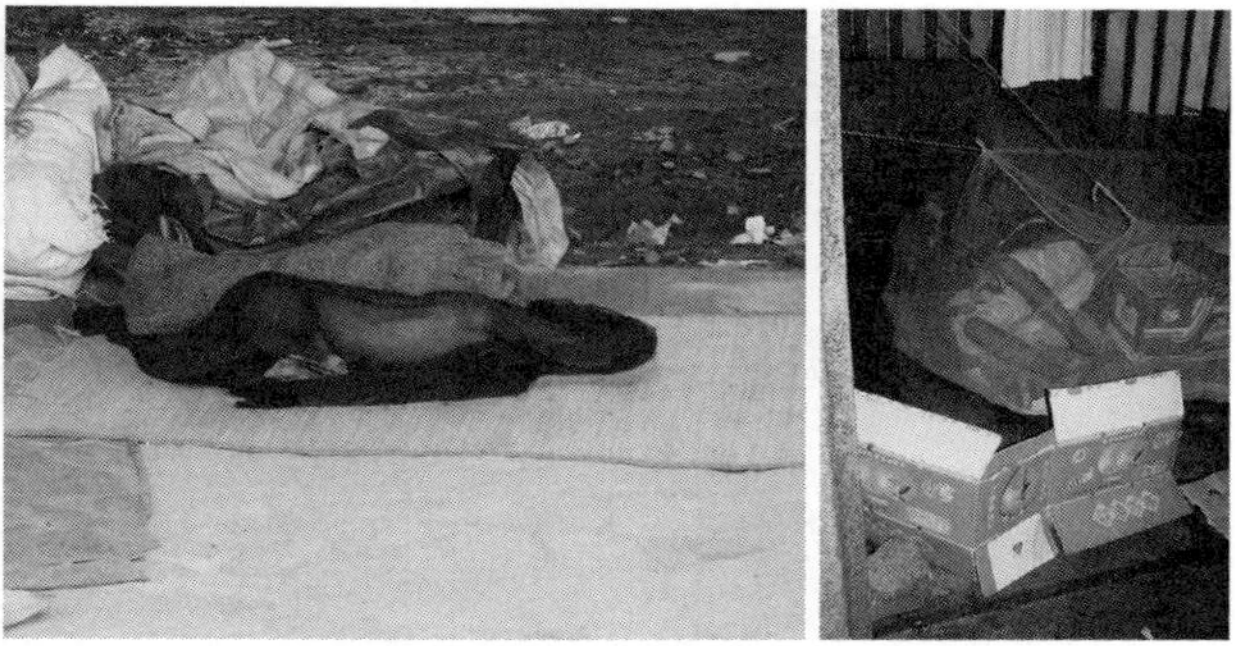

〔7－4〕蚊帳を使って寝ている路上生活者

日本の死因の中に感染症は肺炎だけしか入っていませんが、アフリカのそれは上位のすべてを感染症が占めています。もしデータを路上で暮らす子供だけに絞れば、こうした差はさらに顕著になるはずです。

路上生活者もこうした状況を憂《うれ》い、予防策を講じることで感染を防ごうとします。たとえば、マラリアは「ハマダラカ」という蚊を媒介にして感染し、死に至ることまである病気ですが、逆に言えば、この蚊に刺されなければ感染することはありません。そこで、彼らは路上で眠る時に次のような工夫をします。

〔7－4〕は路上生活者が蚊帳《かや》をつかって寝ている光景ですね。昔の日本でも同じものがありました。細かい目の網の中で眠ることで蚊に刺されるのを避けているのです。路上であってもこうしたものを使

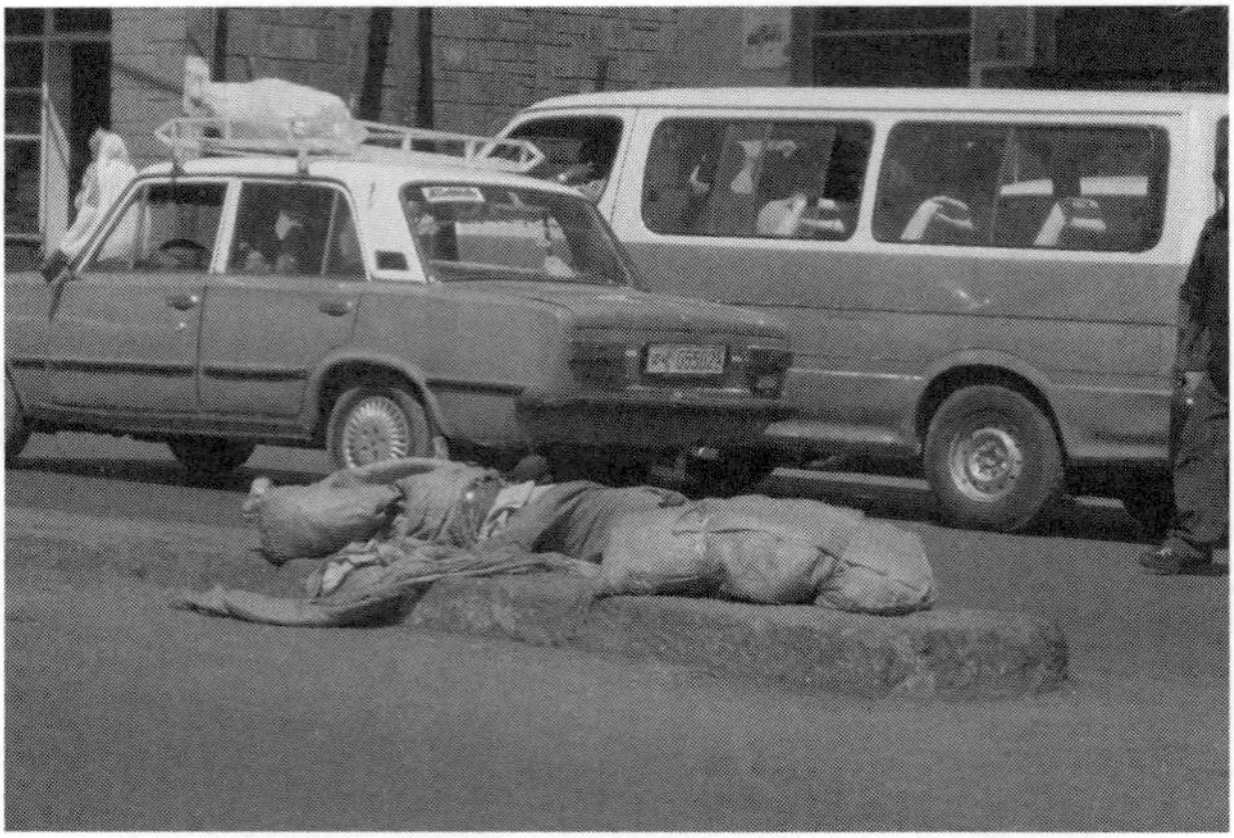

〔7－5〕蚊帳がない人はぼろきれを巻いて寝る

用して感染を予防しているのです。

一方、蚊帳をもっていない人は、〔7－5〕のように襤褸《ぼろ》を全身に巻いて眠ることで蚊を避けようとします。まるでミイラか遺体ですが、身を守るための生活の知恵なのです。

しかし、いくら注意していても、病気になったり、怪我《けが》をしたりしてしまうものです。そんな時、人は「公立病院へ行く」か、「伝統薬で治す」という選択をするのが一般的です。

公立の病院であれば簡単な検査や治療は無料ですが、精密検査が必要だったり、長期入院が必要だったり、臓器移植を受けなければならないような深刻な場合は莫大《ばくだい》な費用がかかってしまいます。簡単な怪我ぐらいなら治してもらえますが、大きな病気なら治療もせずに放っておかれるということなのです。たとえば、病院へ行っても「あなたは癌《がん》です。何も手を打たなければ三カ月後には亡くなります。しかしお金を払わなければ治療はしません」と言われて追い返されるというケースがあるのです。

このようなことから、物乞《ものご》いが病院から出された診断書や処方箋《しょほうせん》を通行人に見せてお金を求めることがあります。〔7－6〕なんかがそれです。子供はお金がないため、通行人に処方箋を見せて回りながら治療費を集めているのです。

〔7－6〕処方箋を見せて治療費を集めている子供

また、病院で治療をしてもらったものの、お金が足りなくなって途中で放っておかれたという人もいます。たとえば、両足に癌ができたとして、右足の癌は切除してもらったにもかかわらず、お金がなくて左足の癌は放置されることになったという人がいるのです。ムチャクチャですよね。

このような人は右足だけ手術をしてもらった後、病院の入り口で自ら物乞いをして左足の手術費を集めなければならなくなり

〔7－7〕路上の伝統薬売り

ます。そうしなければ、左足の癌がどこかに転移してしまいますからね。とはいえ、物乞いをして手術費がたまるわけもなく、そういう人たちは基本的に見殺しにされてしまいます。

こんな状態ですから、路上生活者の多くは病院をあまり頼りにせず、むしろ伝統治療や呪術《じゅじゅつ》のようなものに走るようになります。アジアでも中東でもアフリカでも、路上にはそうした人々があふれています。

アジアやアフリカにいる路上の伝統薬売り&呪術師をご覧下さい。〔7－7〕がそれです。ずらっと並んでいるのが、彼らが調合した伝統薬です。どれだけ効果があるかは知りませんが、市販の化学薬の何分の一かの値段で売られています。路上生活者でも仕事さえしていれば買える額ですし、情に訴えてツケにしてもらうこともできます。人々はそうしたメリットから伝統薬を頼りにするのです。

みなさんの中には、「そんなイカサマ商売にすがっても仕方ないじゃん」と思う人もいるかもしれません。

しかし考えてみてください。あなたが末期癌にかかって病院へ行ったものの、診察してもらうまでに数日かかり、挙句の果てに「お金がないなら治療できません。勝手に死んでください」と言われて追い出されたとします。

さて、あなたはそんな病院を信じられますか？　医者に冷たく突き放されるままにすべてを諦《あきら》めて死を待つことができますか？

できるわけがないのです。それでも、彼らは生きたいからこそ伝統薬に頼ったり、呪術師のもとへ行ったりするのです。それが彼らに残された唯一《ゆいいつ》の道なのです。

私は、状況によっては、このような伝統薬売りや呪術師は病院の医者よりずっと頼りになると思っています。私個人の体験をお話ししましょう。次頁の〔7－8〕の女性の死をめぐるインドでの体験です。

この女性は名前をマドゥと言います。六十歳代でしょうか。彼女は体調が悪くなり、病院へ行ったのですが、医者から「手術をしなければすぐに死んでしまいます。お金

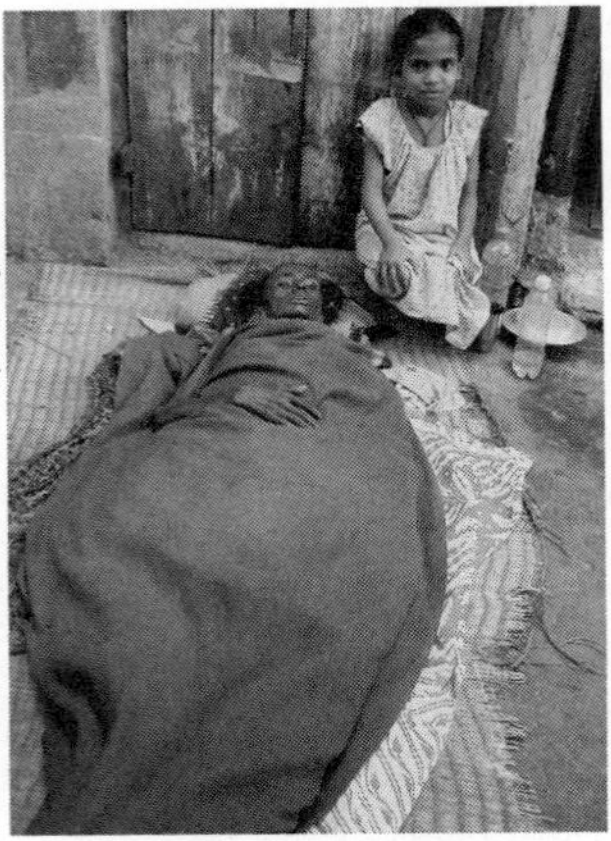

〔7－8〕孫とともに死を待つマドゥ

が貯《た》まったらすぐに来てください」と言われました。マドゥは路上で暮らす物乞いですから手術費なんてあるわけがありませんし、瀕死《ひんし》の体で働いて稼ぐことなんてできません。彼女は仕方なく路上に横たわり、孫とともに死を待つことにしました。

ある日、町の伝統薬売りが噂《うわさ》を聞いてやってきました。五十歳ぐらいの男性でした。彼は路上に風呂敷《ふろしき》包みを広げると、そこで伝統薬をつくりはじめました。マドゥは「お金がないから」と断ろうとしました。しかし、彼はこう言いました。

「お金はいらないよ。ただ、治ったら食事でもご馳走《ちそう》してください」

それから薬売りは毎日のようにやってきては、伝統薬を無料であげました。家族が仕事に出ている間は、彼が代わりに食事の用意から下の世話までをしてあげました。マドゥの調子が良い時は歌をうたったり、踊りを披露したりして元気づけてあげました。時には、私も一緒に踊らされたことがあります。なんの見返りも求めることなく善意だけでそれをやったのです。

しかし残念なことに、伝統薬はまったく効きませんでした。マドゥの体調はどんどん悪くなり、骨と皮ばかりに痩《や》せてしまいました。それでも薬売りは出来る限り薬を処方しつづけました。やがてマドゥの死が誰の目にも明らかになった時、彼は昼から翌日の明け方臨終を迎える時までずっとマドゥの手を握りしめてあげました。黙ってぬくもりだけをつたえてあげたのです。

薬売りはマドゥの死を見届けた後、家族から一杯だけ食事をご馳走になり、帰って行きました。私が後を追いかけ、どうしてマドゥの治療をしたのか、と尋ねると、彼は次のように言いました。

「わしが薬売りだからだよ。薬売りというのは病気の人を助けるために存在しているんだ。もし治せないなら、手を握り励ますことで心を支えてあげればいい」

私は薬売りの考え方に感動しました。病院に勤める医者とは比べものにならないぐらい患者のことを思っているのだと実感しました。

もちろん病院の医者は医者なりの判断をしたのでしょう。それが社会のシステムだと言ってしまえばそれまでです。

しかし、もしあなたがマドゥと同じ路上で暮らす人間だったら、薬売りと医者のどちらを信用しますか？　あるいは、最期《さいご》の瞬間に、どちらに感謝の念を抱きますか？

そういうことなのです。薬売りのような人々こそが、政府にも病院にも見捨てられた人たちを必死になって支えてあげているのです。彼らの存在があることで、路上生活者の尊厳がどうにか成り立っているのです。

先進国の団体や途上国の政府の役人によっては、伝統薬売りや呪術師を「迷信を利用した詐欺」として禁止することがあります。しかし、実際はこうした人たちが福祉制度から漏れた人々を助けているという側面があり、国がしっかりと路上生活者のための福祉制度を整えた上でなければ、まったく逆効果になってしまうのです。

最後に付け加えておきますと、お金持ちは無料の政府の病院ではなく、有料の私立病院へいきます。そこでは、高額な医療費と引き換えに、高度な診察や治療を迅速に受けることができます。今さら格差云々《うんぬん》なんて議論をするつもりはありませんが、やはり世の中の矛盾について考えさせられてしまいますよね。

葬儀

路上生活者は家族や仲間が亡《な》くなったらどうするのでしょう。

海外の人々は、日本人とは比べものにならないほど篤《あつ》い信仰心をもっています。死体をほっぽりだしたり、その場に埋めてしまったりすることはせず、しっかりと埋葬しようとします。が、悲しいかな、お金がない上に、埋葬にかかる費用は日本と同様に途上国でも非常に高いのです。

そんな時、路上生活者は通行人に埋葬の費用をつのります。家族や仲間が遺体を道路に置いて、線香を立て、「葬儀をやりたいので喜捨してください」と頼むのです。すると、通行人や路上生活者仲間は遺族を憐《あわ》れに思ってお金を置いていきます。

私が一番驚いたのは、地元マフィアの親分がやってきてその場で葬儀に掛かる費用を何の見返りもなしに全額払ったことでした。私は思わずマフィアにその理由を尋ねました。マフィアはあっけらかんと「仲間が困っているんだから当然だろ」と答えました。途上国ではマフィアの多くが路上で生まれ育ったストリートチルドレンですから、「仲間」という思いがあったのでしょう。このような多くの人たちの情によって葬儀が執り行われているのです。

路上生活者の葬儀にはいくらぐらいかかるのでしょうか。

宗教によって埋葬の違いがあり、金額もそれに大きく左右されます。イスラームの国々は土葬ですのでちょっとは安く済みますね。バングラデシュの首都ダッカで路上生活者たちの埋葬に付き合ったことがありますが、遺体をリキシャに乗せてお墓まで運んだり、体を清めたり寺院にお布施《ふせ》をしたり、諸々《もろもろ》の費用を含めて千円から二千円でした。現地の肉体労働者が数日働いて稼ぐぐらいの金額です。

一方、火葬の国だと遺体を燃やさなければなりませんので、薪代《たきぎ》がかかってしまいます。どこでどれだけの薪をつかうかにもよりますが、木をつかえばどれだけ安く上げようとしても一万円前後は必要になります。

そこで路上生活者たちは、高額な木の代用として、古タイヤをつかって火葬をします。たとえば、葬儀場の近くにある薪屋さんの裏庭にはつかい古されたタイヤが貧しい人用の「薪」として売られています。木の薪より半額ぐらいで済みます。階級によって遺体を燃やす材料まで異なってくるのです。

あるいは、裏ワザとして、「燃やさない」という選択肢もあります。ヒンドゥ教の場合、火葬にした灰をガンジス川あるいはその支流に流すのですが、貧しい人たちの中には火葬をするお金がないので遺体をそのまま川に投げ込んでしまう人もいるのです。もちろん、流された遺体は腐敗し、ガスがたまり、浮き上がってきてしまいます。

土左衛門がどんぶらこと流れていたら、ビジュアル的には相当不愉快ですよね。少なくとも観光客はドン引きするか、大興奮して写真を撮るかでしょう。そうなれば、国の評判はがた落ちです。そのため、政府は躍起になってその防止策を取ろうとしていますが、なかなかなくなりません。当たり前ですが、取り締まりを厳しくしたところで、貧困者が薪を買えるようになるわけではありませんからね。

第八講　物売り

路上には、大きく分けて二つの職業があります。「物売り」と「物乞《ものご》い」です。物売りはカゴや箱に商品を入れてものを売り歩く人で、物乞いは何も持たずに手を差し出してお金だけを求める人のことです。

今回お話するのは「物売り」についてですが、同じ人が物売りも物乞いもやっていることがしばしばあります。昔私がベトナムで仲良くなった人は、日中は物売りをして、夜になると物乞いをしていました。

また、物売りは物売りでも、限りなく物乞いに近い人もいます。同情によってあまり商品価値のない物を買ってもらおうとする人々です。〔8－1〕の図をご覧いただけば、路上の仕事には大きく「物売り」と「物乞い」という二つの系統がありながら、それが複雑に絡《から》み合っていることがおわかりになるでしょう。

今回はこのうち、「物売り」のカテゴリに入るものをじっくりと見ていくことにし

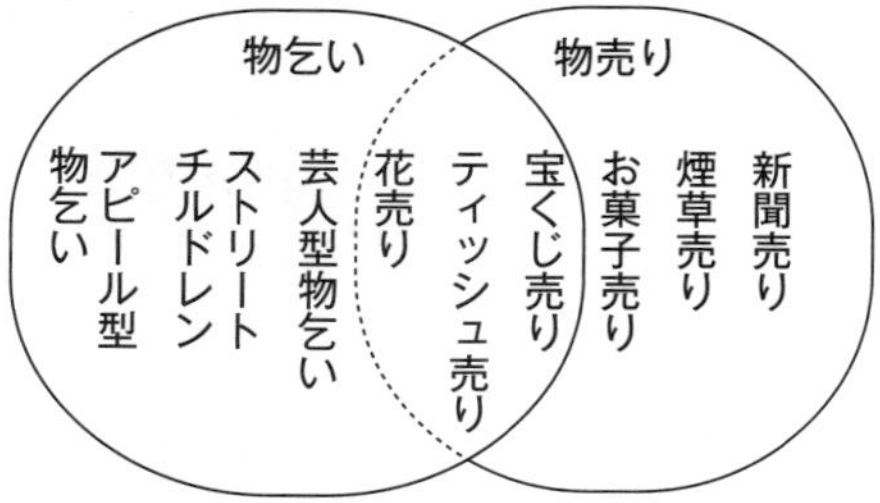

〔8－1〕物売りと物乞いのカテゴリ

ます。

物売り／正統派

物売りの代表格として挙げられるのが、新聞売りだと思います。

新聞売りは契約をした上で、毎朝運ばれてくる何種類かの新聞を抱えて、夜までかけて売り歩きます。地域によって異なるのですが、新聞売りが自分で買い取った新聞を少し価格を上乗せして販売したり、業者と契約して一部売るごとに一定の手数料をもらえる仕組みになっているのです。

次の頁の〔8－2〕は朝早く電車で運ばれてきた新聞を抱えて町へ売りに行く子供です。毎朝素早く新しい新聞を手に入れて、通勤客に売らなければ他の新聞売りとの競争に負けてしまいます。食べていけるかどうかがそれにかかっているのです。

また、途上国を歩いていると、〔8－3〕のような路上でオモチャや日用品を売っている人もよく見掛けます。いかつい顔のオッサンがかわいらしい子供用のオモチャを売り歩いていたり、オバサンたちが停車している車の運転手にタイヤやシートカバーを売ったりしていることがあります。これは、彼らが商店の主人と契約して商品を預かり、町中で売っているのです。

〔8－2〕エジプトの新聞売り

途上国の商店街に並ぶお店をのぞくと、まったくお客さんが入っていないことってありますよね。主人は一日中グーグー眠っているか、お茶を飲んで友達と談笑しているだけ。一体どうやって食べていっているのかと心配になるほどです。

実は、主人たちは店の商品を貧しい人たちに渡して、一つ売れればいくらという歩合制で物売りをさせているのです。大体売り上げの一割か二割が相場でしょうか。そのため、お店の主人は一日中お茶を飲んで、友達とエロ話をして、昼寝をしていても、夕方になったら貧しい人たちが売り上げをもって戻ってきてくれるので、ゆとりのある生活ができるのです。海外のサービス精神の低さは、単純に自分の店で売らなくて

〔8 － 3〕路上の物売り

も利益がでるという裏事情があるためだといえるかもしれません。

　こんなぐうたら生活を送っているアフガニスタン人と話をしていたら、次のようなことを言われました。

「日本人は頭が悪いから自分でせっせと働いて金を稼ぐ。俺たちアフガニスタン人は頭がいいから貧乏人に働かせて金を稼ぐ。しかし、一日中働かないでボーとしていると、天国へ行くことばかり考えるようになる。天国だったら退屈はしないだろうな、と思いはじめる。そのせいで、アフガニスタンには自爆テロを起こしてさっさとあの世へ逝《い》っちまおうとする金持ちが存在するんだ」

　なかなか風刺のきいた自虐《じぎゃく》ジョークではないでしょうか。

　さて、次は貧しい人たちがどこにも属さずに自分

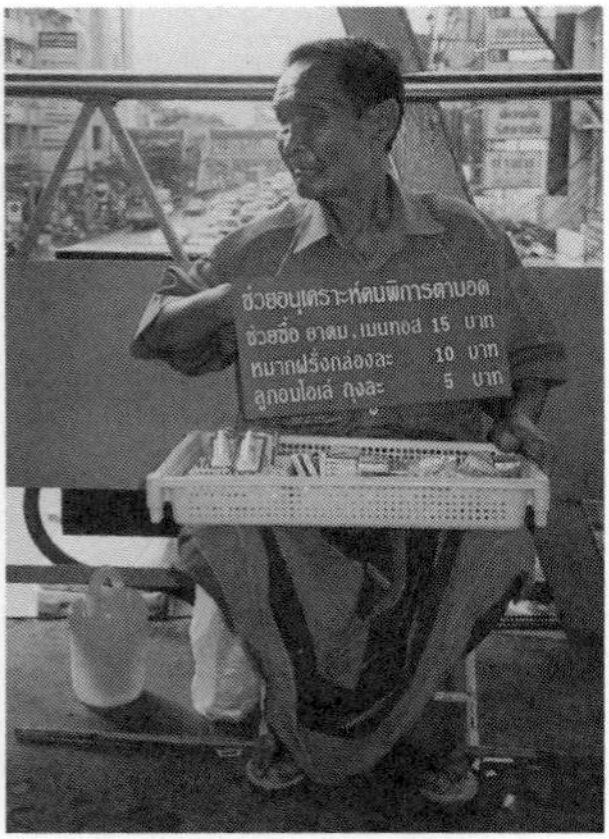

〔8－4〕路上のお菓子売り

〔8－5〕路上の煙草売り

たちだけで商売をしている例に目を向けてみましょう。〔8－4〕がお菓子売り、〔8－5〕が煙草《たばこ》売りといった人々です。

これまで紹介した物売りは、新聞社やお店から商品を預かって売っていました。しかし、お菓子売りや煙草売りというのは、親族や友達同士でお金を出し合って商品を買って、それをバラ売りしているのです。

たとえば、どこの国でも煙草は安いものではなく、途上国でも百円ぐらいします。しかし、貧しい人たちは一日の稼ぎが二、三百円ですから一箱丸ごと買って吸うようなことはできません。

煙草売りはこうした事情を逆手にとって、親戚《しんせき》や友達で出し合ったお金を元手に煙草を一カートン（十二箱）買い、それを一本につきいくらというように利益を上乗せしてバラ売りするのです。そうすれば、煙草売りも利益がでますし、庶民も一本ずつ煙草を買えますよね。ただ、利益といっても一本につき五十銭から一円ぐらいなので、一日で百本売っても百円から二百円の儲《もう》けにしかなりませんけど。

ところで、今私は煙草をやめましたが、昔はヘヴィースモーカーで、行く先々でいろんな煙草を試していました。それで憶《おぼ》えているのが、パキスタンのシケモク屋でした。シケモクというのは人が吸って捨てた煙草のことです。

ある日パキスタンにいたアフガニスタン難民がシケモクを巻き直し中古煙草として売っていました。軽い気持ちでそれを買って吸ってみたら、まるで火事の煙を思い切り吸い込んだようになりむせ返りました。口の中が焦《こ》げ臭く、頭がチカチカしてきます。私は怒って、一体何を混ぜたんだ、と尋ねました。中古煙草売りいわく、

「あ、これね。煙草の葉に、紅茶の葉を混ぜたんだよ。いい味でしょ」

おいおい、です。煙草の葉だからこそ煙草の煙がでるわけで、他の葉を燃やしてでるのは焚《た》き火の煙と何ら変わりません。それを知らずに、酒を水増しする感覚で、煙草に紅茶の葉を混ぜたのでしょう。まったく煙草を吸って一酸化炭素中毒で死ぬところでした。

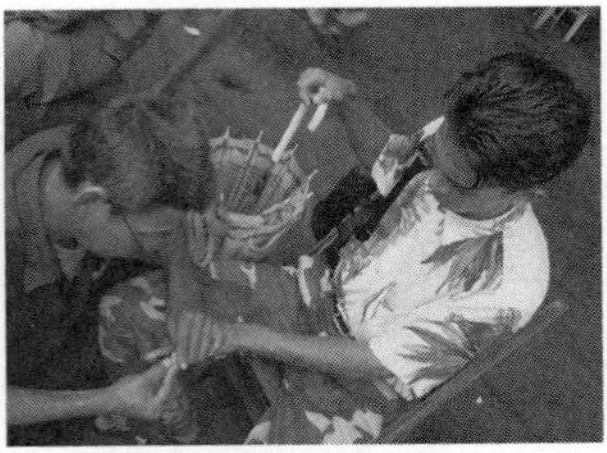
〔8－6〕「爪切り屋」

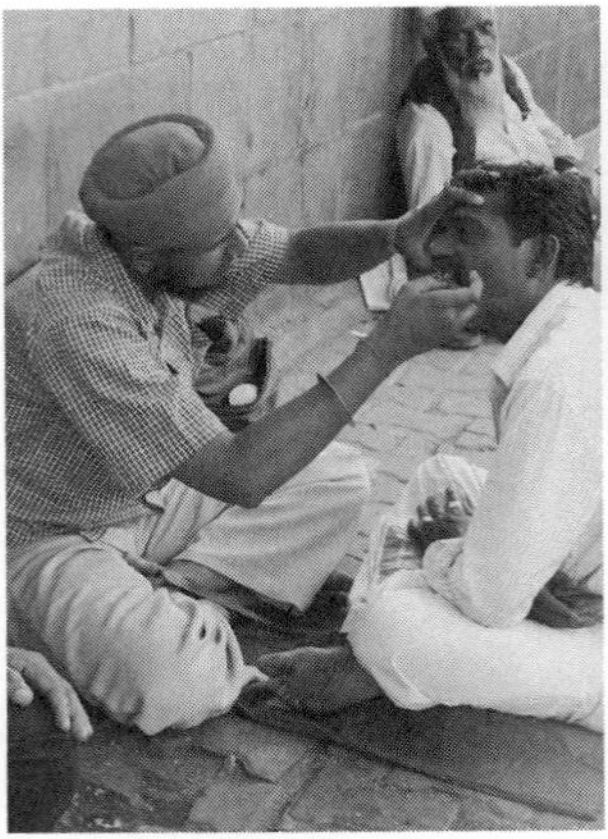
〔8－7〕路上の歯医者

あと、物売りではありませんが、ちょっと変わったものをご紹介すると、〔8－6〕のような「爪《つめ》切り屋」や、「耳かき屋」といった仕事があります。本当に貧しい人というのは、耳かきや爪切りを買うお金がありません。そういう人のためにこんな商売が成り立っているのです。ただし、腕は人それぞれで、私は耳に棒を突っ込まれて流血したことがあります。文句を言ったら、怪しい薬を塗られてしばらく耳が聞こえなくなった上に、その薬代まで請求されました。異文化を楽しむのも良いですが、鼓膜が破れたりすると洒落《しゃれ》になりませんので、くれぐれもご注意下さい。

〔8－7〕のような路上の歯医者なんていうのもいますが、私は絶対やる気にはなりません。麻酔もなしにペンチで強引にひっこぬいたり、カナヅチで砕いたりしていますから……。

〔8－8〕怪しげな精力剤売り

物売り／怪しい型

物売りには、胡散《うさん》くさい商売人もたくさんいます。どこの国にもいる怪しい物売りの筆頭は、なんといっても精力剤売りではないでしょうか。〔8－8〕がそうですが、カタギじゃなさそうですねぇ。

よくあるのが動物のペニスを服用すると、その力が男性のアレにも宿って元気になるというものです。トラや象や鯨のペニスが精力剤として売られていたりします。これは、人類学で「類感呪術《じゅじゅつ》」と呼ばれているもので、似たようなものを服用することでソレと同じ能力（効果）を高められるという迷信にもとづいたものです。悲しいかな、科学的根拠はどこにもありません。

また、珍しい物には万物に効果のあるすごい力が宿っているという考え方でつくられた薬もあります。

例を挙げれば、サイの角やライオンの牙《きば》や〝龍《りゅう》の鱗《うろこ》〟といったものです。日本にも珍しいキノコを服用するだけで癌《がん》が治るなんていう眉唾《まゆつば》物のビジネスがありますが、入手しにくい貴重なものを服用すれば勃起力《ぼっきりょく》が奇跡的に高まるという考え方は同じですよね。

みなさんの中にはこれをお読みになって、「へ、バカバカしい。こんなことに関心をもったって仕方ねえよ」なんてお考えの人もいるかもしれません。しかし、こうした精力剤も突きつめていけば、大きな国際問題に突き当たることもあるのです。

よく考えてください。珍しい動物というのは天然記念物として保護指定がされているはずです。トラにしても、サイにしても、象にしてもみんなそうですよね。それが薬になっているということは、誰かが密猟しているということなのです。では、一体誰がそれらを狩り、高級な精力剤として闇《やみ》に流しているのでしょうか。

実は、ここにゲリラ組織の影があるのです。たとえば、アフリカには様々なゲリラ組織があります。ソマリア、チャド、ウガンダ、ルワンダ、スーダンなどの国に潜むゲリラ組織です。彼らは軍資金を手に入れるために、機関銃をかついでアフリカの国立公園へ赴き、天然記念物とされている動物の密猟を行い、密輸業者を通してそれらを中国などへ海外輸出しているのです。その収入が戦争をするための銃の購入費や傭《よう》兵《へい》の給料になって、アフリカの内戦を支えているという考え方もできるのです。精力剤一つとっても世界の裏が見えてくるというのは、なかなか興味深いことではないでしょうか。

余談ですが、途上国の繁華街を歩いていると、〔8－9〕のような怪しい物売りがバイアグラを一錠数十円で売っていることがあります。先進国で買えば一錠千円以上するので安いと思って買いまくり、買春に励む外国人のオヤジも目にします。

〔8－9〕バイアグラが一錠数十円で売られている……

断っておきますが、路上で売られるバイアグラのほとんどすべてが密造されたイカサマと考えていいでしょう。中国を初めとした国々には薬の密造工場というのがあり、そこでつくられて近隣の国へ輸出されているのです。昔、ある記者がこの工場で手に入れた薬を正規の製造元にもっていって調べてもらったところ、中から致死量に値するような毒成分がでてきたのだとか。

途上国に買春しに行った挙句に、偽《にせ》バイアグラを服用して死んだなんてことになったら、目も当てられませんよね。本人はいい気なものでしょうが、遺族はたまったものじゃありません。せこい根性で変なものに手を出さないようにしていただきたいものです。

ついでに申し上げておけば、発売元が調べたところ、日本のネットで売られているバイアグラの半分以上がニセモノだったのだとか。みなさんも十二分にお気をつけください……。

物売り／物乞《ものご》い型

物売りとは、新聞や煙草や薬など品物を売る人のことを示します。人々はその商品が必要だからお金をだして購入するのです。

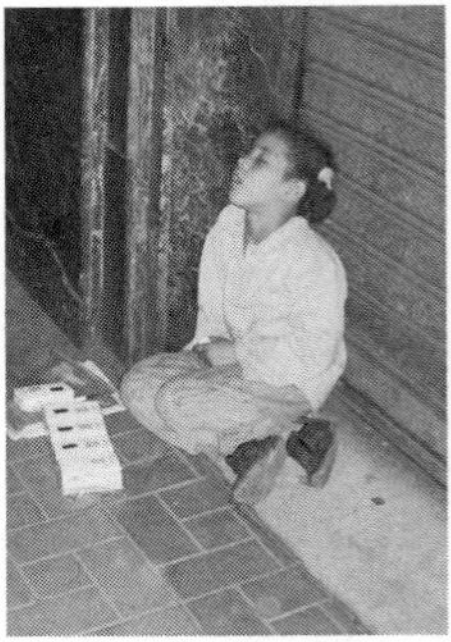

〔8－10〕ティッシュ売り

これに対して、物売りであってもあまり商品価値のない品を売っている人たちがいます。人々はその品が欲しいから買うのではなく、「売っている人がかわいそうだから」という理由で買ってあげるのです。こうした物売りは、物乞いとよく似ていますので、「物乞い型物売り」と分類できるでしょう。

〔8－11〕母親が花束をつくり、子供が売り歩く

物乞い型物売りの代表格として、ティッシュ売りがあげられます。彼らは家族や仲間でお金を出し合って段ボール一箱分のポケットティッシュを買って、それをバラ売りしているのです。

特徴的なのは、お客さんがティッシュを必要だから買っているのではなく、売っている子を見て「かわいそうだから買ってあげよう」と思ってお金をだしている点です。つまり、めぐんであげるような感覚で買ってあげているのです。そこが物乞い型物売りである所以《ゆえん》なのです。〔8－10〕はエジプトで子供が道路にすわり込んでティッシュを売っているところです。パッと見は、ほとんど物乞いと変わらないことがおわかりになるでしょう。

これは〔8－11〕の花売りとて同じですね。歓楽街では、子供が花束を抱えて歩き回り、男を見つけては、「ホステスへのプレゼントとして花束を買っ

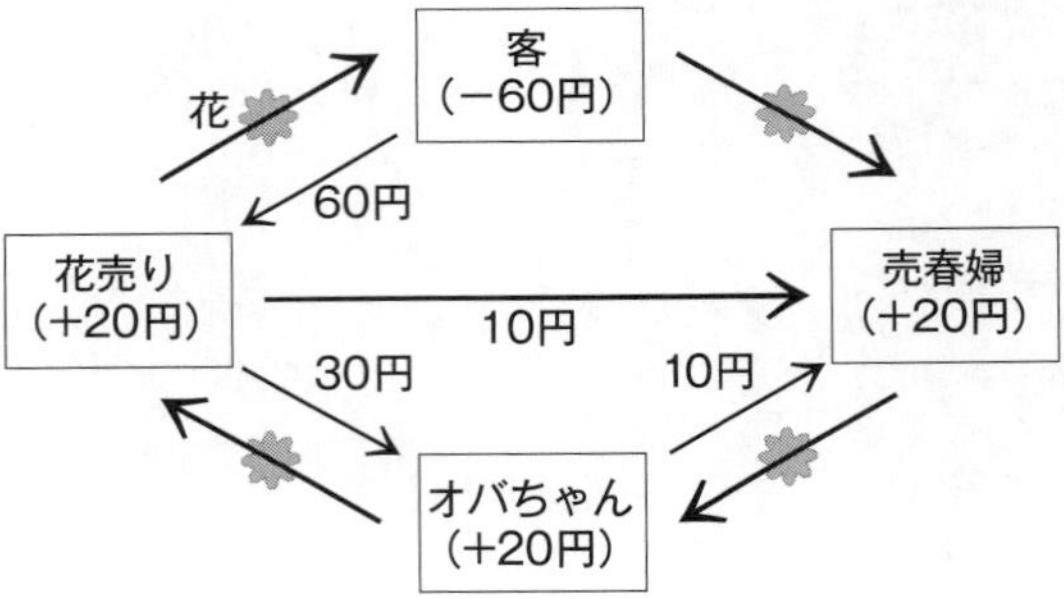

〔8－12〕花売りの連携プレーシステム

てください」と近づいていきます。お客さんは本気で安っぽい花束をプレゼント用として買うのではなく、子供が真夜中に歓楽街で花束を売っているという事実に胸を痛めて買うことがほとんどです。そういう意味では、ティッシュ売りと同じく、同情によって成り立っている物乞いに近い物売りだと言えるのです。

花売りの中には、売春宿の売春婦とのチームワークで商売をしている子たちもいます。花をつくるオバちゃん、花を売る子供、花を買ってもらう売春婦、この三人が見事な連携プレーをして稼いでいることがあるのです。〔8－12〕のような構図です。

①オバちゃんは花束をつくって近所の子

供に三十円で渡します。

②子供はナイトクラブや売春宿へ行ってそれを売り歩きます。売春婦は男性客に「ねえ、花束買ってよぅ」と甘えます。情けないことに、発情している客はその甘えた声に負けて、ついつい言い値の六十円で買ってしまいます。

③子供は商売に協力してくれた売春婦のお姉ちゃんに十円を手数料として渡します。

④売春婦は客が帰った後、もらった花束をオバちゃんの所へもっていって十円で引き取ってもらいます。

こうすることで、全員が平等に二十円ずつの儲けをだすことができるのです。なかなかうまくできていますよね。時には、母、姉、弟が連携してやっていたりすることがあります。人間のたくましさを見るような気にさせられます。

戦後の日本でも、貧しい人たちが花を売って生計を立てていたようですが、もしかしたら似たような仕組みがあったかもしれません。

物売り／福祉型

物売りの中には、政府のバックアップを受けてやっている人たちもいます。宝くじ

〔8－13〕宝くじを売る車椅子の障害者

売りが良い例でしょう。

途上国では失業率が非常に高く、障害者が職を得るのは難しいという現実があります。そこで、政府は宝くじの販売権を優先的に障害者に与えることで仕事を提供します。障害者はその宝くじを一枚売るごとにいくらという手数料をもらうことができる仕組みになっているのです（買い取り制の場合もあります）。たとえば〔8－13〕をご覧になると、車椅子《いす》の障害者や身体障害者が売っているのがおわかりになりますよね。

庶民もこうした事情を知っているので、たいして宝くじに興味がなくても寄付のつもりで買ってあげる人も少なからずいます。物乞いにお金を投げ与えるよりは、障害者から宝くじを買ってあげようと考えるのです。

このように集められた宝くじの売り上げは毎年相当な額になります。たとえば〇六年のベトナムでの売り上げは約千五百億円にもなったとか。国によっては、政府が宝くじの売り上げの一部を福祉事業などにあてています。そういう意味ではみなさんも遊び半分でもかまわないので、宝くじを買ってあげてもいいかもしれませんね。

ちなみに、以前、私はタイのバンコクで、宝くじを売る車椅子の女性と恋に落ちたことがありました。私が物乞いの取材をしている時に、出会って仲良くなったのです。カティーンという名前でした。

彼女はとにかく美人でしたが、タイ語しかしゃべれませんでした。当時、私はほとんどタイ語ができなかったので、恋が成就《じょうじゅ》することはないなと思いながら、取材が終わった後一言二言話をして満足していました。

ところがある日、彼女の方からアパートに来ないかと言われたのです。夜の十時過ぎにアパートに行き、二人で取りとめのない話をしていました。彼女が宝くじを売ったお金でコンサートに行きたいと言っていたので、その話で盛り上がった記憶があります。

その時、急に私たちの間に会話がなくなりました。気がつくと、私は彼女の洋服を脱がせて抱いていました。しかし、障害のある女性を抱くのは初めてです。たぶん、私の中の何かが邪魔をしたのでしょう。どうしても私の男の部分が反応してくれませんでした。

その晩、カティーンはずっと「気にしなくていいよ」と言ってくれました。必死にそう言っていました。たぶん、私が落胆し離れていくのをとどめようとしていたのでしょう。ですが、私は気持ちを切り替えることができませんでした。健常者である私と、障害者である彼女の間に深い溝のようなものを感じ取り、どうしようもなさに打ちひしがれ、彼女から逃げるように遠ざかってしまったのです。

今思えば、たぶんやり直す方法なんていくらでもあったのでしょう。セックスができなくても、宝くじを売って生きる彼女を応援することだってできたはずです。しかし、当時二十五歳だった私にはカティーンから逃げるという選択肢しかなかったのです。

以来、今に至るまで、なぜかタイで宝くじ売りの女性に遭遇すると、彼女の姿をさがしてしまいます。たぶん、もう二度と再会することなんてないとわかっているのですが……。

物売りの儲《もう》けについて

なんとなく物売りの仕事についておわかりになったかと思いますが、一体彼らはどれぐらい稼いでいるのでしょうか。

まず、「物売り／正統派」や「物売り／福祉型」は、商品一つに対する売り手の利益が固定相場になっています。

新聞は決まった値段が紙上に明記されていますし、販売者への報酬も全国一律で決まっているのが普通です。国によって大きく違いはありますが、一部売って日本円で一、二円ぐらいです。したがって、日に五十〜百部売って百円前後の収入ということになります。大した稼ぎにはなりませんが、確実な需要はあるので、一日働けば大体これぐらいの収入になると読める仕事だといえるでしょう。

煙草《たばこ》やお菓子売りなんかも、完全な固定相場ではありませんが、おおよその価格は決まっています。街には同業者が何百人といるために、自然とみんなが同じレートでやるようになるのです。一人だけ高ければ売れませんし、安ければ同業者から文句がでてケンカになってしまいます。路上の物売りの世界にも「神の見えざる手」が働いているのです。煙草は一本につき五十銭から一円程度の儲けですから、ワンカートン分（二百四十本）売って二、三百円ぐらいの儲けでしょう。

一方、「物売り／怪しい型」「物売り／物乞い型」は価格が定まっていません（だから怪しい型なのですが）。花売りにしても、ティッシュにしても相場こそあるものの、その時々で売り子の言い値が違います。一個五円ということもあれば、百円ということもあるのです。「ふっかける」ということが当たり前のように行われています。

しかし、買う方が自分たちで値段を決めることもあります。特に、喜捨のつもりで買ってあげる場合は、適当な「心づけとしての値段」を自分で決めてお金をだしてあげているのです。気分が向いたからということであれば十円で買ってあげ、心が痛むほど同情したからということであれば五十円で買ってあげるのです。売り子の収入は、その日によって大きく異なりますが、平均すれば他の物売りと大差なく、日に百円〜三百円ぐらいではないでしょうか。

ここからわかるとおり、物売りの収入は一日数百円ぐらいが相場で、よほど稼いだとしても千数百円といったところでしょう。ただ、途上国で安いご飯を食べても三食で百円から二百円はしますし、日用品や家賃などを合わせれば一人の収入だけではやっていけません。そのため、両親に加えて子供たちも物売りとして働き、トータルで家族がなんとかやっていけるだけの収入になっているのです。途上国に行くと、兄弟や家族で物売りをしている光景をよく見ますが、そこにはこうした理由があるのです。

ちなみに、日本人が途上国で物売りや物乞いを前にした時、よく語られる言葉があります。

「彼らに一々お金をあげても何の解決にもならないし、キリがない。だからあげるべきじゃない」

たしかにそういう見方もできるでしょう。しかし、彼らの収入を見ればわかるように、みなギリギリのその日暮らしをしているのです。もしあなたが買ってあげなければ、彼らはその日ご飯を食べることができないかもしれないのです。もしそれが何日もつづけば体を売ったり、犯罪行為に手を染めるしかなくなってしまうのです。そうした現実を前に、「解決にならない」とか「キリがない」と理屈を並べてたった数十円をケチるのはどうなのでしょう。そもそも、なぜその程度の買い物や喜捨を小難しく、高尚に考えなければならないのか私にはわかりません。

私はもっと簡単に考えるべきだと思うのです。物売りを目にしたら「がんばっているなー」ぐらいに思って、安いものを買ってあげればいいと思うのです。お菓子にしたって、ティッシュにしたって十円とかそれぐらいです。ちょっとぼられたって大した値段になるわけでもありません。

もしあなたが買ってあげれば、きっとすぐに彼らと親しくなることができるでしょう。路上の住処《すみか》につれていってくれるでしょうし、家族や友人を紹介してくれるはずです。もちろん、記念写真を一緒に撮ったっていいと思います。また、外国人を相手に商売している子ならば一日二、三百円も払えば片言の外国語で丸一日ガイドをしてくれるはずです。それがどんなにあなたにとって有意義なことになることか。普通の旅行では絶対に得られないかけがえのない体験ができるはずです。

もし途上国へ行く機会があれば、是非軽い気持ちでアプローチしてみて下さい。あなたにとっても、彼らにとってもとてもいい経験になるはずですよ。

第九講　物《もの》乞《ご》い

さて、今回は、路上の仕事では物売りと同じぐらい大きなテーマである「物乞い」について見ていきましょう。

海外へ行って物乞いの姿に圧倒された人は少なくないはずです。彼らの中には執拗《しつよう》なまでに追いすがったり、重度の障害を見せたりしてお金を求めてくることがあります。ハンセン病、象皮病、ポリオ、水頭症、あるいは手足がないような人もいます。「講義のはじめに」でも申し上げましたが、彼ら障害者に対して、現地では誤った認識で捉《とら》えられていることが多いのです。

特に多いのがインドですよね。作家の遠藤周作さんも『深い河』という作品でガンジス川の周辺にいる物乞いについて次のように書いています。

〈少し離れたところでこちらを窺《うかが》っていた痩《や》せこけた子供たちが、「バクシーシ」という声を出しながら、手をさしだした。日本人たちが知らん顔をしたのは、デリーの旧市街を買物に歩いた時、これとおなじような少年少女たちに何度も出会ったからだ。息もたえだえの哀願の表情や身ぶりが実は演技であり、一人に金を与えると、他の子供たちにいつまでもつきまとわれると江波から聞かされていたので、視線をそらせてバスの来る方向に眼をやっていた。

「ひでえ国だな」

と新婚旅行で一行に参加している三條というカメラマン志望の青年が不快げにハンカチで口をおおった新妻に言った。「子供たちに物乞いさせても、大人たちは平気で見ているんだから」〉

途上国で物乞いを見ても、ほとんどの人々がこの作品の主人公と同様に「ひでえ国だな」といって考えるのをやめてしまうものです。

しかし、私たちにしても、現地の人々にしても、本当に彼らのことを知った上でそう思っているのでしょうか。何も知らないのにそう考えて、勝手に思考を止めてしまっているようなことはないでしょうか。

今回はそのような見地に立った上でもう一歩踏み込んで、彼らがなぜ物乞いになり、どうやってお金を稼いでいるのかを見ていくことで、その実態を明らかにしていきたいと思います。

物乞いのヒエラルキー

現代の日本には、ほとんど物乞いが存在しません。なぜなのでしょうか。

日本をはじめとした先進国の人は様々な福祉制度で生活を保障されています。障害があれば障害者年金を、失業すれば失業保険や生活保護が適用されます。ホームレスの中にはそうした保障を受けていない人もいますが、それでもなんとか食べていけるぐらいの豊かさがこの国にはあります。

ところが、途上国にはそうした福祉制度がまだ整っていません。施設もあるにはありますが、次の頁の〔9－1〕のような状況です。これでは入所するのもためらいますよね。そのため、障害をもって生まれた人や、失業してしまった人は、国からの支援をあてにすることができず、自ら物乞いをしてお金を稼ぐことで生きていくしかなくなるのです。

ただし、物乞いは、何もせずにお金をもらっているわけではなく、「同情」を売ることで恵んでもらっているのです。逆に言えば、「同情」してもらえなければ一銭ももらえません。ここに物乞いという仕事の難しさがあります。これは私がインドを取材してわかった物乞いのランク付けです。〔9－2〕〔9－3〕のピラミッドをご覧下さい。ピラミッドの上に位置する人々はより多くの同情を誘って大金を稼げますが、下に位置する人はあまり同情してもらえずに喜捨も少額になってしまいます。

たとえば、子供が物乞いをしている姿と、五体満足の青年が物乞いをしている姿を比べて、どっちをかわいそうだと思うでしょうか。あるいは、四肢のない人と、足をひきずっている人とでは、どちらを哀れだと思いますか？

もし想像しにくいようでしたら、次の頁の〔9－4〕を見比べて見てください。もしお金を上げたくなる人の順番を並べろと言われれば、ほとんどの方は左から順に答えていくのではないでしょうか。

物乞いの世界には、外見的な悲惨さによってヒエラルキーがあり、それによって得られる金額が異なってくるのです。つまり、悲惨であればあるほどお金がもらえて、そうでなければお金がもらえないのです。物乞いにおいては悲惨であることが「商売道具」になりえるのです。

このような物乞いたちの優劣は日常生活にも影響を及ぼし、物乞いをする場所や寝

〔９－１〕ベトナムの精神病院（左）とミャンマーの教会（右）

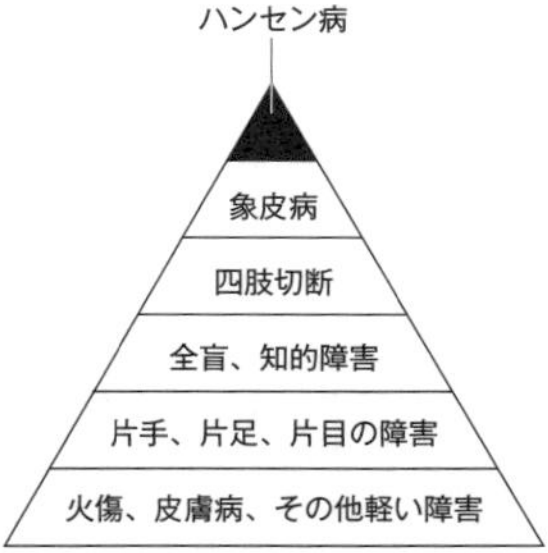

〔９－３〕インドの取材でわかった障害者や病人の物乞いランク

〔９－２〕インドの取材でわかった健常者の物乞いランク

〔9－4〕外見によって得られる金額が違う

起きする場所などが大きく異なってきます。わかりやすいように、町における物乞いの配置をイラストにしてみました。〔9－5〕をご覧下さい。

重度の障害者や病人は街の中心部で稼いだり、寝泊まりをしたりしているのがおわかりになりますよね。警察やお店の主人は重度の人たちに深く関わりたいと思いません。そのため、重度の障害のある物乞いたちは、誰からも咎《とが》められることなく堂々と町の中心部で物乞いをしたり、眠ったりすることができるのです。

一方、軽度の障害者や健常者は町の周縁部の条件の悪い場所に追いやられていますね。警察や店の主人たちは彼らなら厳しく接してもいいだろうと考えていますから、人ごみの中で物乞いをしたり生活したりしていると追い払うのです。その結果、彼らは人気《ひとけ》のない汚らしい場所にしかいられなくなってし

〔9－5〕町における物乞いの配置

まうのです。

このように物乞いにおけるヒエラルキーは収入や生活条件にまで大きく影響するのです。こうなれば、当然軽度の障害者たちは重度の障害者に「なんで、いつもあいつらの方がいい思いをしているんだ」とやっかむようになります。

重度の障害者たちもこうした反感を薄々感じて、時々軽度の障害者にご飯を奢《おご》ったり、いらなくなったものをあげたりしています。富を分配することでガス抜きをしているのです。妬《ねた》みほど怖いものはありませんからね。

物乞いと宗教

世界には、キリスト教、イスラーム教、

ヒンドゥ教、仏教など様々な宗教があります。実は、宗教というのは、物乞いと深い所でつながっており、その救済をしっかりと説いているのです。

宗教別に見てみましょう。

①キリスト教

ご存知の方も多いと思いますが、『聖書』には物乞いが出てきます。たとえば、マルコの福音書には次のような記述があります。


〈イエスが、弟子たちや多くの群集といっしょにエリコを出られると、テマイの子のバルテマイという盲人の物乞いが、道端にすわっていた。

ところがナザレのイエスだと聞くと「ダビデの子のイエスさま。私をあわれんでください」と叫び始めた。

そこで彼を黙らせようと大ぜいでたしなめたが、彼はますます、「ダビデの子よ。私をあわれんでください。」と叫び立てた。〉『聖書　新共同訳』

この後、イエスはこの盲目の物乞いを呼んで望みごとを尋ね、それをかなえてあげます。これを「慈悲」と言います。

キリスト教では、この慈悲の心がとても大切にされています。宣教師たちは慈悲の心を実行に移すことで、異境の地の貧しい人々を改宗させていきました。布教目的でなくとも、マザー・テレサのように弱者の救済を行ってきた人もいます。また、欧米には著名人が慈善事業をすることがありますが、あれなどもキリスト教文化から生まれたものだといえるかもしれません。

貧しい人をいつくしみ憐《あわ》れむことがとても重要なこととされているのです。

②イスラーム教

イスラーム教の聖典『コーラン』には、はっきりと次のように書かれています。

〈本当の宗教心とは、アッラーと最後の日と諸天使と聖典と予言者たちとを信仰し、己が惜しみの財産を親類縁者や孤児や貧民、また旅路にある人や物乞いにわけ与え、とらわれの奴隷《どれい》を購《あがな》って解放し、また礼拝のつとめをよく守り、こころよく喜捨を出し……〉『コーラン』（井《い》筒俊彦《づつとしひこ》訳、岩波文庫）

つまり、宗教心があるなら物乞いに快く喜捨をしろ、といっているのです。ここまで明確に命じられては、イスラーム教徒たちも物乞いをなおざりにできませんよね。

イスラームの国々では、よく物乞いが『コーラン』の一節を暗唱しています。そうすることで人にイスラームの教えを思い出させながら、同時に自分が喜捨に値する敬《けい》虔《けん》な信者であることをアピールし、暗に「金をくれ」と訴えているのです。

③ヒンドゥ教、仏教

ヒンドゥ教、仏教を生んだのはインドです。

古代のインドでは、人生を四つに区切っていました。学生期《がくしょうき》、家長期《かちょうき》、林住期《りんじゅうき》、遊行期《ゆぎょうき》です。最後の遊行期は家を出て、旅をしながら物乞《ものご》いをすることで、解脱《げだつ》する期間です。つまり、人は人生の最後に物乞いになることが義務づけられていたのです。

また、仏教には因果応報という考え方があります。物乞いは前世に悪いことをしたからそのような運命をたどることになったのだとされているのです。この場合、一般の人々は物乞いに対して喜捨をすれば、自分が功徳《くどく》をつむことができ、来世には幸せな人間に生まれ変われると考えています。つまり、喜捨は自らの業《カルマ》を高いものにするための手段だという捉《とら》え方があるのです。


さて、ここまでごく大雑把にですが、各宗教における物乞いや喜捨の考え方について見てみました。大体どの宗教にも「富める人が貧しい人に喜捨をする」という教えがあることをわかっていただけたと思います。私は、これを宗教という名の福祉のセ

〔9－6〕イスラーム寺院

〔9－7〕ヒンドゥ寺院

ーフティーネットだと考えています。

　昔はどの国も、今の先進国のような福祉制度が整っていなかったので、放っておけばハンディのある人は生きていけませんでした。そこで福祉制度の代わりとして、宗教が喜捨というシステムで貧しい人に最低限の生活を保障していたのです。だからこそ、逆にまだ福祉制度が整っていない途上国では、今も宗教心にもとづいた喜捨が物乞いの生活を支えているのです。

　このため、物乞いたちは喜捨をもらうために寺院や教会など宗教施設、あるいはお祭りのような宗教行事に集まる傾向にあります。〔9－6〕〔9－7〕〔9－8〕を見ていただくとかなりの数の物乞いが集まっていることがおわかりになるでしょう。このような場所では、人々は普段より宗教心を篤《あつ》くし、神の教えに従って喜捨をしようと思い立つようにな

〔9－8〕ガンジス川
物乞いにとっては宗教施設は「稼ぎ場所」

るのです。町では三十人に一人しか喜捨をしなくても、寺院の参拝者は三人に一人が喜捨をするので、物乞いたちにとって宗教施設や行事は「稼ぎ場所」となるのです。

宗教と物乞いと言えば、かつてインドでびっくりしたことがありました。

コルカタの町で、ある物乞いたちと仲良くなって数日を過ごした後、ダライ・ラマがやってくるというので夜行列車に乗ってガヤという町へ行ってみました。すると、その町にコルカタで会った物乞いたちが全員いたのです。私は驚いて、どうして君たちはここにいるのか、と尋ねました。彼らは次のように答えました。

「ガヤの町にダライ・ラマがやってくるからさ。こんなイベントのある時は、各地から参拝者が押しかけてくるし、そうなればたくさんの喜捨をもらえるだろ。だから、電車に乗ってやってきたんだよ」

インドでは毎日のようにどこかで宗教イベントが行われています。彼らによれば、それを目当てに全国各地を転々として稼いでいる物乞いも多いそうです。この時も、小さな町には全国からやってきた物乞いたちが溢《あふ》れ返っていました。みんな仏教寺院の前で、仏教徒のフリをして手を合わせていましたが、まぁ、九割以上は「にわか仏教徒」でしょうね。祭りがヒンドゥ教ならヒンドゥ教徒に化け、イスラーム教ならイスラーム教徒に化ける。そうした変り身の速さこそが、物乞いには不可欠な要素になってくるのです。

アピール型物乞い

宗教熱心な国であれば、物乞いは人々の宗教心に訴えて施しを得ようとしますが、宗教に関心が薄い人にそれをしても効果はありません。そこで、物乞いたちは宗教心をくすぐるより、直《じか》に同情を買おうとします。自分の病状がどれだけ惨《みじ》めかを強く訴えることで、「支援」という形で喜捨を求めるのです。

次の頁の〔9－9〕と〔9－10〕を見比べてください。場所は同じインドのムンバイですが、寺院の前に並ぶ物乞いと、町にいる物乞いで様相が違うのがわかるでしょう。

寺院の前にいる人は、正式なイスラーム服を着て、露骨に病状を見せるようなことはしていません。参拝に来る人に対しては自分が敬虔なイスラーム教徒だとアピールした方が得なのです。

〔9－9〕寺院の前に立つ物乞い

〔9－10〕町にいる物乞い

一方、街中にいる物乞いは上半身裸になって病気の患部を故意に見せていますね。繁華街で買い物に興じている人の宗教心に訴えるより、悲惨さを前面にだして同情を買うことに努めているのです。

こうした身体の悲惨さを強くアピールする物乞いを、私は勝手に「アピール型物乞い」と呼んでいます。自ら見世物になることでお金を稼いでいる物乞いという意味です。

彼らは身体の障害や怪我《けが》を見せることによって稼いでいますから、その部分を特に強調しようとします。〔9－11〕と〔9－12〕をご覧下さい。いずれの物乞いも患部を人目につくように見せて、「私は不自由なのだ」ということを強調することで、こ

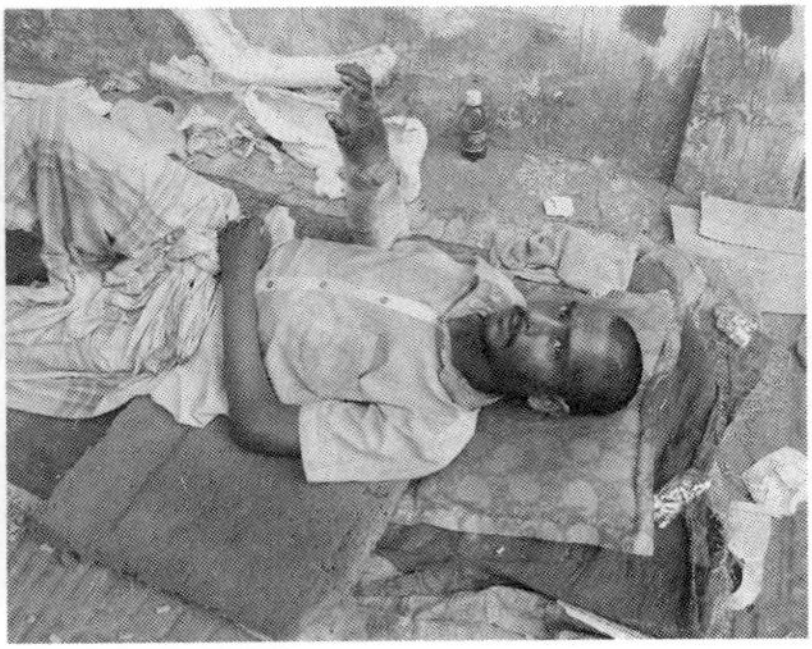

〔9－11〕腕を骨折した物乞い

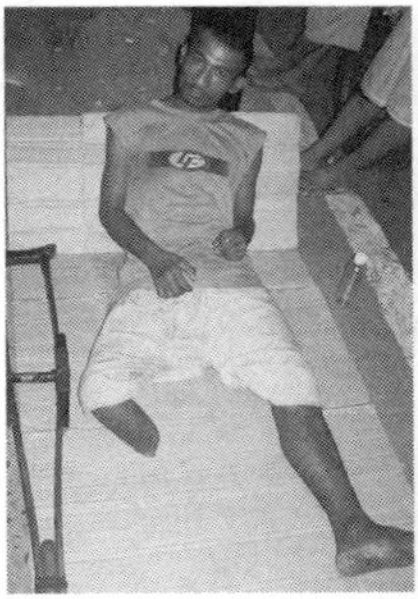

〔9－12〕
片足を失った物乞い

とさら多くの同情を集めようとしています。逆に言えば、通行人はパッと見て「うわ、悲惨だ」と思った時にお金を落とすのです。そのような一瞬の駆け引きが、物乞いたちの収入を大きく左右するのです。

これは身体障害や病気だけでなく、怪我などでも言えることです。〔9－13〕のように、物乞いの中には怪我をした時にわざとその傷を見せることでお金を求めることがあるのです。通行人は血だらけの子が横たわって物乞いをしていれば「早く病院へ行ってほしい」と願うのが当然で、すれ違いざまにお金を投げていきます。

ただ、こうしたことが逆に「強制的」に行われることもあるのです。物乞いたちがケンカで負けた仲間を強引にさらしものにしたり、マフィアやチンピラのような人たちがストリートチルドレンに怪我を負わせたりして物乞いをさせるということです。こ

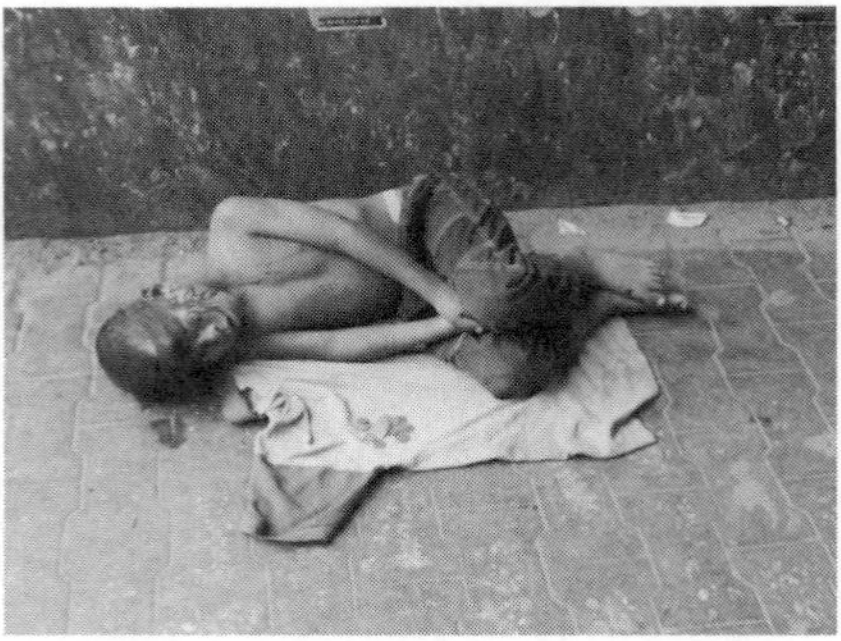
〔9 −13〕流血する傷を見せる子供

の写真は、殴り飛ばされた後に無理やり物乞いをさせられているものです。
みなさんはこれをお読みになって「残酷だな」とお思いになるでしょう。ただ、当の本人からすれば、「これで稼げているので結果オーライ」みたいな意識もあるのです。私の知っている物乞いは車に撥《は》ね飛ばされた時、「儲《もう》けもん！」みたいな感じで血だらけのまま道路に大の字になって大金を稼ぎだしました。何をどう捉えるかは、本当に人それぞれなのです。

芸人型物乞い

アピール型物乞いは、本当にひどい障害や怪我でなければなれません。しかし、障害者といっても四肢欠損者などは一握りで、大半が「盲目」や「片腕」や「手足の麻《ま》痺《ひ》」といった障害のある人々なのです。

彼らは障害だけをアピールして物乞いをすれば、重度心身障害者であるアピール型

〔9－14〕盲目の演奏家たち

物乞いに負けます。たとえば、片腕の人が四肢のない人と並んで物乞いをしていれば、ほとんどの通行人が後者にお金を落としていくでしょう。これでは「商売」になりません。

そこで軽度の障害者たちは、芸をすることでお金をもらおうとします。通行人は芸を見せられれば「すごいな」とか「がんばっているな」と思ってお金をくれますからね。私はこういう人たちを「芸人型物乞い」と呼んでいます。

世界的にも多いのが、〔9－14〕のような盲目の演奏家です。楽器を弾いたり、歌をうたったりしながら物乞いをするのです。盲目の人は耳の機能が発達すると考えられていますので、上手に演奏ができる人も少なくないのでしょう。

ちなみに、最近は、小さなカラオケのセットを首からぶら下げて、歌をうたいながら町を練り歩いて喜捨をもらう人もいます。タイやインドネシアなど東南アジアでよく見かけますね。自ら楽器を演奏できない人は代わりにカラオケを流すことで物乞いをするのです。

盲目以外の障害でも同じように芸によってお金を稼ごうとします。たとえば、腕のない人がペンを口でくわえて絵を描いたり、脚のない人が逆立ちして歩き回ったりすることで、「障害者でもこんなにがんばっているんだぞ」とアピールしてお金をもらうことがあります。〔9－15〕はマレーシアにいた両脚の動かない絵描きですね。

〔9－15〕両足の動かない絵描き

さらにこうした芸を飛び越えたような超人的なワザ師もいます。

インドのチェンナイ（旧マドラス）で見かけたのですが、あるポリオ（小児麻痺で足がほとんど動かない）の男性が地面に穴を開けてそこに頭を突っ込んで逆立ちをしていたことがありました。彼は足が細く曲がっていますので、まるで茎のように二本の脚がぷらーんと垂れています。

当然通行人はギョッとしますよね。道を歩いていたら、人間が地面に逆さまに刺さっていて、突き出た脚が細くてぶらぶら風に揺れているわけですから。日本でこんなことをしたら、人々は金なんかあげずに救急車を呼ぶだろう、と思いますが、インド人は、わかっているのか、わかっていないのか、しばらく腕を組んで感慨深そうに眺めた後、お金を置いて立ち去っていくのです。これもまた、文化の差なのでしょうか。

さらに大道芸に近いようなことをする物乞いもいます。

昔、アフリカのウガンダで地元バスに乗って町から町へ移動していたことがありました。検問でバスが停車していると、両脚のない物乞いがドアを開けて這《は》うようにして入ってきました。彼はパンツ一枚です。

私は、物乞いをして回るのかな、と思って見ていました。すると、彼は突然ガラスの破片を床に撒《ま》き散らしたかと思うと、「ハレルヤ!」と叫びながらそのガラスの上にダイブしたのです。当然、ガラスの破片が背中に突き刺さります。それでも彼はガラスの上を跳ね回り、頭のネジが吹き飛んでしまったように「ハレルヤ! ハレルヤ!」と叫びます。ガラスはぐさぐさと刺さり、背中があっという間に血で染まりました。何枚かは後頭部にも刺さっています。

オイオイ、どこがハレルヤなんだよ、と思いましたが、一向にやめる気配はありません。乗客は全員目を丸くしたままドン引きです。みんな見るに堪えられなくなり、やめてほしいものですから次々にお金を放り投げます。物乞いは「ハレルヤ！　ハレルヤ！」と言いながら横目でいくらお金がたまったかをチェックし、十分得たと思うとぴたりと飛び跳ねるのをやめ、お金とガラスの破片を大切そうに袋につめて帰っていきました。そう、すべてお金を得るためにやっていたことだったのです。

その後しばらく、バスの中には異常な疲労感が漂っていました。少しして私の隣にいた黒人女性が窓の外を見ながら言いました。

「あ、さっきの物乞い、iPodで音楽を聴いているわ」

見てみると、たしかに例の物乞いが当時出たばかりのiPodを聴きながら体を左右に振ってノッていました。ガラスを背に刺しながら稼いだお金はiPodの購入費用にあてられていたのでしょう。

女装男性型物乞《ものご》い

物乞いの中で、意外に見過ごされるのが女装している男性、いわゆる「オカマ」たちです。

これまで述べてきたように、途上国の失業率は非常に高く、一般庶民ですらろくに職に就けません。また、イスラーム文化圏やアフリカでは彼女たちや同性愛者の存在が法的に禁じられていることもあり、社会に溶け込むのが実質不可能に等しいといえます。

このような状況では、彼女たちが普通に職に就いて生活費を稼ぐことは困難です。しかし彼女たちの多くが実家から勘当されて頼る人がおらず、すぐに現金を稼がなければ生きていけません。そこで、彼女たちは否応《いやおう》なく「物乞い」や「物売り」をすることになるのです。

具体的に国名をあげれば、東南アジアですと、インドネシアはとても女装男性の物乞いが多い国だと言えるでしょう。夜に屋台街を歩けば、一人ぐらいは簡単に見つかります。これも彼女たちが置かれている立場によるものです。

たとえば同じ東南アジアでもタイなどは女装男性に寛容で、カミングアウトをしたり、性転換手術を受けたりする人が多いことで知られています。町に「オカマ専用トイレ」まであったりするぐらいです。そのため彼女たちでも比較的容易に仕事に就いたり、人に頼ることができたりするのです。

しかし、インドネシアは世界最大のイスラーム人口の国であり、女装男性が受ける差別の度合いはタイなどの比ではないため、必然的に物乞いで生計を立てる女装男性

〔9－16〕インドネシアの女装男性

〔9－17〕ヒジュラ

が増えてしまいます。〔9－16〕のような人たちですね。中には、数人で一組のグループをつくって、踊ったり、歌ったりしながら、喜捨を求めるような人たちもいます。

同じくよく女装男性の物乞いを見かけるのは、インドでしょう。

インドでは彼女たちは「ヒジュラ」と呼ばれています。昔から彼女たちは男にも女にも属さない神のような存在として考えられ、祝いの席で踊りを披露したり、祭りの際に聖職者としての役目を果たしたりするのが仕事でした。〔9－17〕のような人です。

ところが、近年のインドでは経済の発展や科学の進歩により、人々の宗教心が薄れはじめています。そのため、若い人たちはヒジュラを聖なる存在だと思わなくなりましたし、彼女たちが関わっている祭事に参加することも少なくなりました。近代化の波によって、伝統に守られていたヒジュラの社会的な地位と仕事が失われてしまったのです。

これによって、ヒジュラたちは「失業」し、物乞いや売春をして生きていかなくてはならなくなりました。今では駅や電車の中や繁華街には物乞いをする彼女たちの姿が見られますし、売春地区の隅にはヒジュラ専門の売春宿があります。それぐらい追いつめられているのです。

〔9－18〕は、ヒジュラが通りのど真ん中に立って、通りがかるオートリキシャを止めて物乞いをしているところです。リキシャの運転手に喜捨をした理由を尋ねてみると、「お金をあげていないと、ぶん殴られるから仕方なくあげているんだよ」なんて答えが返ってきます。まぁ、それは半分冗談にしても、インドのヒジュラも他の国の女装男性の物乞いと大差のない存在になってしまったのでしょう。

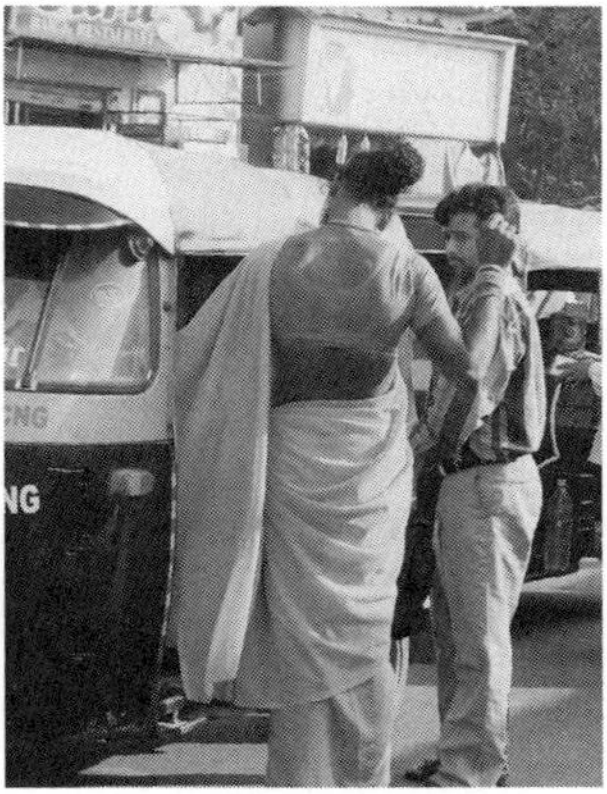

〔9－18〕リキシャの運転手に物乞いをしているヒジュラ

このようにあまり知られていませんが、世界の物乞いの中には彼女たちが数多く含まれています。インドネシアやインドの一部の町では、普通に物乞いをするより儲かるという理由から、「にせ女装男性」まで現れています。

物乞いの家計簿

物乞いたちは一日中道端にすわり込んで、いくらぐらい稼いでいるものなのでしょうか。

よく次のような噂《うわさ》を耳にします。

「この国で物乞いをすると一日に数万円を稼げる。そのため、物乞いたちは仕事が終わると、お迎えに来たベンツに乗り込んで、大邸宅へ帰るのだ」

これまで数千人に及ぶ物乞いや路上生活者にインタビューをしてきた経験から申し上げると、さすがにこれはありえないと断言できます。アパートに住んでいたり、タクシーで帰ったりすることはあっても、豪邸やベンツを手に入れられるほどは儲かりません。

地域や人によってかなり差がありますが、目安として大体次のように分けられると思います。

物乞いの収入（一日）
貧しい物乞い………0〜100円
一般的な物乞い……100〜500円
豊かな物乞い……500〜2000円
※参考
肉体労働者………400〜800円
公務員………1000〜2000円

一般的な物乞いでも肉体労働者と同じかそれ以下ぐらいの稼ぎなのです。障害者など稼げるような人でも公務員と同じぐらいでしょう。

ベンツに乗ったり豪邸を建てられる人は、途上国といえども月に七十万円は稼いでいます。年収八百万以上なければ家族を養った上で豪邸を建てたり、新車を買ったりすることはできません。ほとんどが会社やお店の経営者です。

では、物乞いというのはどのような暮らしをしているのでしょうか。

「貧しい物乞い」の場合は、路上で空腹に耐えて生きていくしかありません。途上国のスラムでバラックを借りようと思っても一カ月に二千円ぐらいかかりますし、食費だってそれぐらい必要になります。一日五十円稼いで一カ月働いたとしても千五百円ですから、路上で寝泊まりして一日一回軽食をとるのがやっとという生活です。稼げなかった時は、残飯を拾って食べて生き延びているような生活です。

「一般的な物乞い」は、軽度の障害者が一日中路上で物乞いをしているような生活です。一日に二百五十円の収入だとしたら一カ月で七千五百円ですから、スラムにバラックを借りて、子供を二、三人育てることはできますね。むろん、それでも十分ではありませんから、子供が五、六歳になったら物乞いをして家計を補ってもらう必要があるでしょう。

「豊かな物乞い」の場合は、一日千円として一カ月に三万円です。これだとアパートを借りて、家族や親族を養ってあげることができます。裕福とまではいきませんが、普通の暮らしができる程度です。子供を学校へ行かせたり、父や母までちゃんと養ってあげたりすることもできます。

こうしてみると、「一般的な物乞い」と「豊かな物乞い」の場合は、大黒柱となって家族を支えているといえるでしょう。肉親は彼のことを尊敬しますし、障害があっても結婚の話はひっきりなしに来ます。よく日本人の旅行者が途上国の物乞いがふんぞり返った態度をとっているのを見て「あいつら偉そうだな」なんてつぶやいていますが、少なくとも親に食わせてもらっている日本の学生なんかよりはリアルにずっと「偉い」のです。

第十講　ストリートチルドレン

今、世界にはストリートチルドレンが数千万人から一億人超いると推定されています。

ストリートチルドレンをどのような概念で捉《とら》えるかによって人数も異なってきますが、ものすごい数であることには違いありませんよね。世界の子供の数十人に一人はストリートチルドレンということになるのですから。

なぜこれだけ多くのストリートチルドレンが生まれるのでしょうか。そして、彼らは路上でどのような暮らしをしているのでしょう。

ここでは、ストリートチルドレンの概念を「路上で子供だけで寝泊まりしている孤児」と限定した上で、それを考えていきたいと思います。

ストリートチルドレンになる理由

大雑把に言って、路上で起臥《きが》する孤児には二パターンあります。

①親を失った子供

②家出をした子供

最初の①は、病気などで親が死んでしまって一人になった孤児という意味です。主な原因としては「戦争」「災害」「病気（エイズ、マラリア）」などが挙げられます。

昔から、戦争や災害はストリートチルドレンを生む大きな要因でした。それらは一度に大勢の人間を死へと追いやりますし、土地や住居を回復不可能なぐらい破壊してしまいます。当然両親を失った子供もでてきます。彼らが誰にも保護してもらえなければ、道端で暮らすしかなくなりますよね。これがストリートチルドレン誕生の経緯です。

これは戦後の日本でも同じでした。太平洋戦争が終わった後、日本の都市には浮浪児と呼ばれる子供たちが溢《あふ》れかえりました。米軍の攻撃によって親や親族を亡《な》くした戦災孤児が浮浪児となったのです。一九四八年の厚生省の発表では、戦災孤児は日本全国で十二万人以上にのぼったそうです。日本においても、戦争とストリートチルドレンの関係は無縁ではなかったといえるでしょう。

これとは別に、二十年ほど前から大きな問題になっているのが、エイズ孤児がストリートチルドレンとなるケースです。

現在サハラ以南のアフリカ諸国を中心にＨＩＶが広がっています。世界には推定で約三千万〜三千六百万人のＨＩＶ感染者がおり、そのうちの約七割がサハラ以南の地域に集中し、中には平均寿命が三十代にまで落ちてしまっている国すらあります。

ＨＩＶは性行為によって感染する病気ですから、夫婦ともども感染して若くして亡くなることも珍しくありません。こうなると、子供は両親をたてつづけに失って孤児となり、路上で暮らさざるを得なくなってしまうのです。実際、アフリカ諸国を回っていると、ストリートチルドレンの中に占めるエイズ孤児（マラリア孤児も）の多さに驚くほどです。

次に、②の家出者としてのストリートチルドレンについて見てみましょう。

これは家出をした子供たちが都会に住み着いて、ストリートチルドレン化するケースです。戦争やＨＩＶが比較的少ないアジア諸国では、この割合が非常に高くなりますね。家出の主な要因は、「家庭内暴力」「両親の離婚」「両親の薬物中毒」などです。

家が貧しければ、家庭の中に様々な不和が生まれるようになります。親が失業していたり、教育を受けていなかったりすれば、薬物中毒やアルコール依存症になる率や、家庭内暴力や離婚が起こる率が高まります。そうした家庭内不和が、子供の家出の原因となり、ストリートチルドレンを生み出しているのです。テレビなどでは、「貧しいから仲が良く幸せ」という面ばかりが取り上げられますが、本当は「貧しさゆえに引き起こされる問題」は少なくないのです。

また、①と②が結びついていることもあります。

たとえばある村が戦争に巻き込まれれば、人々は食べていくことができなくなりますし、どんどん心は荒《すさ》んでいきます。さらに、家族の誰かが虐殺《ぎゃくさつ》されれば、両親はストレスからアルコールに走ったり、家庭内暴力を起こしたりするようになります。子供たちはそんな親から逃げ出すように家庭を離れ、都会でストリートチルドレンになることがあるのです。

実際、アフリカでも、アジアでも、ストリートチルドレンたちが「村が戦争に巻き込まれて以来、父親が荒んでアルコールを飲んで暴力を振るうようになったから逃げてきた」と証言することが頻繁にあります。何でもそうですが、問題というのは一つだけでなく、いくつもの要素が複雑に絡《から》み合ってできているものなのです。

ストリートチルドレンの暮らし

子供たちが町の路上で暮らすようになった時、少なくて三、四人、多くて二十人以

〔10－1〕グループを形成するストリートチルドレン

〔10－2〕
路上でそのまま寝る子も……

上のグループを形成して生活をするようになります。〔10－1〕のような集団です。

彼らがグループをつくるのは、「危険から身を守る」「寂しさをまぎらわす」「路上生活のノウハウを伝える」といった理由からです。路上での生活には数えきれないぐらいの危険や困難があり、教育も受けていない幼い子供が一人で生き抜くことなんてできないのです。実際、私はこれまで何百人というストリートチルドレンに会ってきましたが、一人で暮らしているのは片手で数えるほどでした。

ストリートチルドレンたちは、寝起きも、食事も、遊びもすべてグループの仲間とともにします。みんなで眠ることで身を守り、みんなで残飯を分けることで争いを避け、

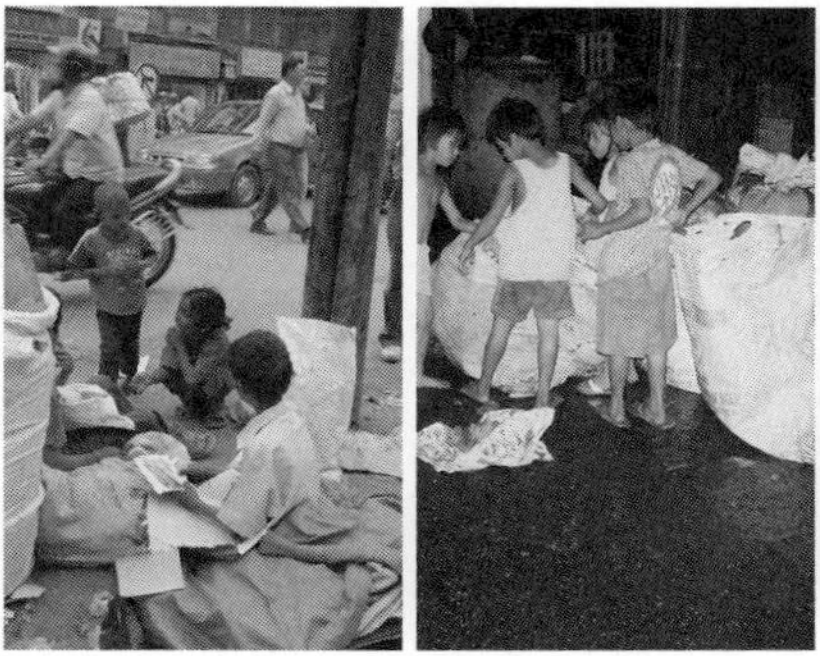
〔10－3〕廃品回収をする子

物乞いをする子

みんなで遊ぶことで孤独を癒《いや》すのです。〔10－2〕のように路上でそのまま寝ることもありますが、ビニールシートでテントをつくって住むこともあります。

　こうした子供たちにとって一番の問題は仕事でしょう。ストリートチルドレンの多くは〔10－3〕のように廃品回収や物乞《ものご》いによって生活費を稼いでいますが、国によってはストリートチルドレン専用の職業ともいうべきものがあります。社会の中に、ストリートチルドレン専用の仕事がちゃんと確立されているのです。このような仕事の象徴として、「エチオピアにおける靴みがき〔10－4〕」と、「インドネシアにおける演奏家〔10－5〕」をご紹介しましょう。

　エチオピアの首都アディスアベバには、飢餓やエイズや戦争によってストリートチルドレンがたくさ

〔10－5〕
インドネシアの演奏家

〔10－4〕エチオピアの靴みがき

んいますが、彼らの大部分はグループごとに道端に腰を下ろして、靴みがきをしています。この町の大人たちは幼い物乞いにはあまりお金をあげませんが、子供が靴みがきとして働いていれば必要なくても靴をみがかせてお金を払ってあげるのです。

演奏家の場合も同じです。インドネシアの各都市では、ストリートチルドレンは伝統的にギターの弾き語りをしてお金をもらっています。繁華街の屋台でご飯を食べていれば、何組ものストリートチルドレンのバンドがやってきて演奏をする光景を目にするでしょう。彼らは二、三分演奏をして、小遣いをもらって帰っていきます。

途上国では、一般の人たちはストリートチルドレンをかわいそうと思いつつも、ギャングのような子もいるために怖がって近づこうとしません。こうなると、普通に物乞いをしていても喜捨をもらえません。

そこでストリートチルドレンの中でも真面目《まじめ》な子供は、不良グループとは違うんだという所を見せるために、靴みがきや演奏家になります。人々はちゃんと働いている子にお金を与えたいと思いますから、自然とそういう子供たちにお金が集まります。すると、他の子供たちもそれを真似《まね》して次々と靴みがきや演奏家に「転職」するのです。こうやってストリートチルドレン専用の職業ができるのです。

しかし、ストリートチルドレンの生活は、かならずしも美談だけですませられるものではありません。世界全体で見れば専用の仕事がある方が稀《まれ》ですし、あっても食べていけないことの方が多いのです。そうした子供たちは人々からは蔑《さげす》まれ、腹をすかせ、盗みや恐喝をしながらなんとか生きていくしかありません。

子供たちにとって路上生活における精神の慰めは、シンナーなどの違法薬物です。〔10－6〕は東南アジア、〔10－7〕はアフリカの例です。家族のいない寂しさ、路上暮らしの恐怖、寒さや暑さ、そういったことを忘れるためについつい手を伸ばしてしまうのでしょう。地域によってはストリートチルドレンの七、八割はこうした薬物を常用しています。

子供がシンナー中毒になると、二十四時間そのことばかり考えるようになります。

禁断症状に苦しめられて、一刻でも早くシンナーを手に入れたいと思います。しかし庶民たちはそんな子供にお金をあげたりはしません。与えても数分後にはシンナーに化けてしまうのがわかりきっているからです。そこで、子供たちはどんどん追い詰められ、強盗をしてシンナー代を手に入れようとしたり、禁断症状によって暴れだしたりするのです。

私がアフリカのルワンダで会ったバードと呼ばれていた少年もそうでした。彼は隣国のコンゴ民主共和国から難民として逃げてきて、ルワンダの首都キガリに住み着いていたのです。バード君は故郷でゲリラによって両親を目の前で銃殺された経験がありました。以来、その記憶がことあるごとに蘇《よみがえ》って、今にもゲリラが殺しにやってくるかもしれないとパニックに陥るのです。

バード君がシンナーに手を出したのはそのためでした。シンナーを吸っていれば悪夢が蘇らないのだそうです。しかし、それをつづけていると体はボロボロになっていき、シンナーなしでは生きていけない体になってしまいます。数年と経《た》たないうちに、ほとんどの歯が抜け落ちてしまいました。最初の頃は何とか同性愛者のペニスをしゃぶることでお金や食べ物をもらっていたのですが、やがてあまりの不潔さに誰からも相手にされなくなりました。

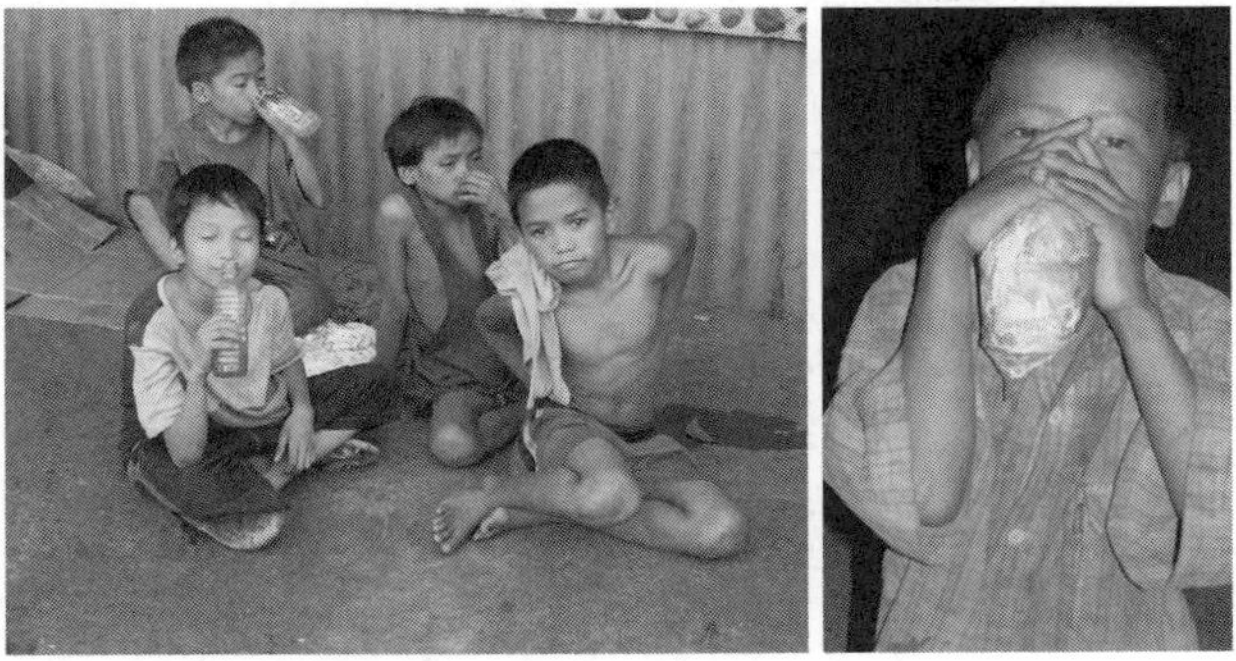

〔10－６〕東南アジアのストリートチルドレンとシンナー

〔10－７〕アフリカのストリートチルドレンとシンナー

支援団体の職員が見かねてバード君を保護しようとしたこともありました。しかし、彼は三食と寝場所を提供してあげると言われても絶対に施設へ行こうとしません。強引につれていかれても、すぐに逃げてしまうのです。そして、通行人を襲ってお金を奪ってはシンナーを買っていました。

ある日、バード君は強盗をしようとして市民につかまり、立てなくなるまで暴行を受けました。私が通りがかった時、彼は痣《あざ》だらけになって横たわっていました。私は昼間見掛けた際は通り過ぎたものの、もう一度夜になってその通りに行ってみました。すると、まだ彼は同じ所に横たわっています。立つ力も残っていなかったのでしょう。不憫《ふびん》に思ってパンを買ってきて、傍に置いて去りました。

翌日、同じ道を通ったら、バード君は買いたてのシンナーを吸っていました。パンを売ってシンナーを購入したに違いありません。私は歩み寄り、一緒に施設へ行こう、と言いました。施設に保護してもらうしか生きる道はないと思ったからです。しかし、彼は頭を横にふって答えました。

「施設へ入ったらシンナーが吸えなくなる。そうなったら悪夢に襲われて狂ってしまう。だから施設へ行くより、ここでシンナーを吸っていた方がいいんだ」

バード君はシンナーで廃人になることより、施設に閉じ込められて悪夢を見ることを恐れていたのです。

その後、バード君がどうなったのかはわかりません。順当に考えれば、彼があの状態から立ち直ることはまずありえないでしょう。でも、それがストリートチルドレンが置かれている現実の一面なのです。

子供たちの性

一般的に、ストリートチルドレンは男児ばかりです。これまで紹介してきた写真に写っているのも、みな男の子ですよね。

(女の子の場合、大抵はスラムに家があり両親とともに暮らし、日中だけ町の路上で働いているのです)

ストリートチルドレンが男児ばかりである理由としては、ざっと次のようなことが挙げられます。

・女児はすぐに犯罪に巻き込まれてしまう。
・女児でも犯罪から身を守るために男装している。
・親戚《しんせき》は大人しい女児しか預かろうとしたがらない。
・女児の場合は児童福祉施設へ逃げ込むことが多い。

・少女売春婦や家政婦などとして雇われる。

このようなことから、路上で暮らす子供たちの大半が男児になるのです。

もちろん、男児だからといって安全なわけではありません。悪い大人たちにしてみれば、保護者のいないストリートチルドレンは格好の獲物《えもの》です。特に、同性愛者や変質者から性的暴行を受けることが少なくありません。かつてケニアやタンザニアで調べてみたところ、彼らの半数ぐらいが「数日に一度は男に〝強姦《ごうかん》〟されている」とか「変質者に性的虐待《ぎゃくたい》を受けている」と答えていました。

こうした男児も十二歳とか、十三歳になると、自らも性欲をもつようになります。するると、今度は彼らが欲求を晴らすために、以前自分たちがやられたのと同じように年下のストリートチルドレンを〝強姦〟したり、大人の女性の物乞いを襲ったりするようになるのです。

警察や一般の人は、路上生活者同士が性犯罪をしたり、殴り合ったりしていても見て見ぬふりをして通り過ぎます。率直に言って、路上生活者同士のいざこざなんて怖いし、関わりたくないのです。そのせいで、路上の治安はますます悪くなり、連日のように強姦事件が起きてしまうのです。

これとは別に、男児同士の〝和姦〟というものもあります。同じグループ内の男児

〔10－８〕男児同士が恋愛関係を持つことも……

同士が恋愛関係になり、性行為をすることは珍しくありません。ずっと男ばかりで育ってきたり、男性同士の〝強姦〟を目《ま》の当たりにしてきたりしているせいなのか、ある年齢になると同性の恋人をつくるようになって、それなりに幸せに過ごしていることがあるのです。〔10－８〕の二人なんていい感じですよね。

正直に言いますと、ストリートチルドレンのグループを取材している最中、私も何度か誘われたことがあります。話をしていたら突然股間《こかん》を握られたり、並んで立小便をしている時に顔を近づけて「すごいね。さわっていい」と言われたりしたのです。一度など、公園の脇《わき》でしゃがんで大便をしていたら、草むらから全裸の男があらわれて「一体化しよう」なんて誘われました。用を足している時なら逃げられないと考えたのでしょうか……。

その度に、私はあわてふためいて「いや、そっちのケはないから」と断ります。しかし、相手が自分の倍ぐらい大きな男だったりすると「嗚呼《ああ》、神様、ボクもうダメかもしれません」なんて思ってしまうことがあります。ノンフィクションを書く身としては、男からの〝強姦〟の一回や二回は経験しなければならないのかもしれませんが、いかんせん貞操観念がつよい私は、未《いま》だに一線を越えられずにおります。

それでも、性欲のあるストリートチルドレンはまだいいのです。前にお話したように、子供たちの多くはシンナーなどの薬物依存症によって廃人同然になり、性欲すらなくなってしまっています。思春期になった時にはすでに死を待つだけという状態になってしまっていることも多いのです。そういう意味では、「性欲があるだけまだマシ」とも言えるかもしれません。

ストリートチルドレンが瀕《ひん》する危険

日本でストリートチルドレン問題が取り上げられる時、子供が学校へ通えないことや、児童労働をさせられていることばかりがクローズアップされます。

しかし、ストリートチルドレンがさらされている危険は他にもたくさんあります。これまで紹介した「シンナー」「暴力」「強姦」「エイズ感染」以外であまり知られていないのが、戦争やテロへの強制加入ではないでしょうか。

世界の貧しい国の中には、戦争状態にあったり、テロ組織が跋扈《ばっこ》していたりする所が少なからずあります。最貧国ともなると、多くがそうした問題を抱えていると言っても過言ではないかもしれません。

戦争が起きた時、軍隊やゲリラ組織は兵士集めに奔走しますが、その際に真っ先にリクルートの対象となるのが、ストリートチルドレンなのです。彼らは守ってくれる保護者がいませんし、警察からも相手にされていませんから、誘拐されて危険な前線に兵士として送り込まれることがよくあるのです。世界には約三十万人の少年兵がいると推測されていますが、シエラレオネなどいくつもの国々でストリートチルドレンが兵士にされていた事実が明らかになっています。

一方で、ストリートチルドレンが自ら傭兵《ようへい》として戦争に参加することもあります。彼らはその日食っていくのがやっとで、誰からも必要とされていません。しかし戦争へ参加すれば一般庶民以上の報酬がもらえる上に、組織内では一人前の人間（兵士）として扱ってもらえます。孤独で貧しい子供たちがそうしたことを求めて自ら傭兵として戦地に赴くこともあるのです。

そうそう、一つ思い出深いことがあります。

中央アフリカに位置するコンゴ民主共和国に滞在していた時に、ゲリラ組織に属する元ストリートチルドレンだという少年兵に会ったことがありました。カラシニコフ銃を重たそうに担《かつ》いで、検問をやっていたのです。十一、二歳だったと思います。

戦場で一番怖いのはこうした少年兵なのです。大人の兵士というのは麻薬などをやっていない限り筋道を立てて話をすれば害を与えるようなことはしません。それに向こうだって自分の命の重さも、相手の命の重さもわかっています。しかし、少年兵にはそもそも理屈が通じませんし、命の重さもわかっていません。蚊を叩《たた》くような感覚で得意になって人を殺すような少年が少なからずいるのです。そのため、私は少年兵に出くわすと、できるだけ早くその場から逃げるようにしていました。

ただ、その時は偶然ガイドをしてくれていた人とその少年兵が知り合いで、少年兵が元ストリートチルドレンだということを教えてもらったのです。私は少年兵のご機嫌を取るために、煙草《たばこ》をプレゼントしました。マールボロなど欧米の煙草はどこでも喜ばれるので賄賂《わいろ》用にもっていたのです。

少年兵は私の横にすわって煙草を二本同時に吸いながら、「俺は少年兵の中で一番つよいんだ」とか「俺がもっともボスに信頼されているんだ」というようなことを自慢していました。

私はすぐに彼が少年兵であることに酔っているタイプだと察しました。そこでどうして兵士になったのかを尋ねてみました。彼はカラシニコフの銃口の上に顎《あご》を乗せて煙草を吸いながら答えました。

「町の路上にいたって、誰からも相手にされずにシンナー中毒になってくたばっていくだけじゃないか。だけど、軍隊にいればみんな俺のことを必要としてくれるだろ。働けば働くだけほめてもらえる。偉くなることだってできる。だから自分の意思で加わったんだよ」

これを聞いた時、頭を殴られたような衝撃を受けました。私たちは町で子供たちが横たわっていても目を逸《そ》らして通り過ぎていきます。彼らはそこで感じた孤独や絶望を、ゲリラ組織に入って埋めようとしていたのです。いわば、私たちが彼らをゲリラ組織に入らせたようなものではないでしょうか。

あの時の少年兵の言葉は、ストリートチルドレンという問題の根深さを表しているように思えてなりません。

子供たちの将来

ストリートチルドレンの多くが、幼いうちに死亡してしまいます。

理由は、「薬物による中毒死」「酩酊《めいてい》状態の時に事故に巻き込まれる」「感染症による死」「栄養失調」などを挙げることができます。

もちろん、複数の理由が重なることもあります。たとえばレイプでHIV感染すれば、栄養不足なのですぐに発病して死んでしまうことになります。薬物中毒であれば事故に巻き込まれる確率は非常に高くなります。

子供たちがまっとうな道に進むには、児童福祉施設のような所に入所し、そこで薬物依存症から抜け出してしっかり栄養を取れる生活をした上で、一から教育を受けて更生していかなければなりません。しかし、ずっと路上で生きてきた子供にとってそれはたやすいことではないのです。主に次のような問題があります。

・シンナーなどの薬物依存症

・教育や愛情の欠如によるコミュニケーション障害

・トラウマによる社会不適合

子供が一度薬物依存症になると立ち直るのは至難の業です。体も脳もボロボロになっていますし、強引にやめさせれば禁断症状に襲われます。にもかかわらず、児童福祉施設には治療のための専門家も設備もほとんどありません。

こうしたことから、警察や福祉施設の職員は、薬物依存症のストリートチルドレンを保護しようとしません。施設につれていっても、禁断症状で暴れだしたり、ショック死したりするだけなので放っておくしかないのです。こうした薬物中毒の子供たちは誰にも保護されずに路上で死んでいくことになります。

運良くストリートチルドレンが施設に保護されたとしても、そこでの生活に馴染《なじ》めないことがほとんどです。教育を受けていなければ、公用語を話すことはできませんし、社会の常識的なルールも知りません。愛情を受けて育たなければ、人への接し方がわからずに、短絡的に肉体関係を求めたり、暴力によって意見を押し通したりするようになります。狼《おおかみ》に育てられた赤ちゃんの例ではありませんが、普通の家庭で生まれ育った子供とはまったく異なる人格をもつようになるのです。

この他、あまり知られていませんが、ストリートチルドレンにはトラウマという大きな問題があります。物心ついた時から連日のように〝強姦〟をされたり、殴りつけられたりしてきています。あるいは、戦争で母親が目の前で殺されたり、父親に自分が捨てられたりした時の記憶が鮮明に残っていることもあるでしょう。こうした体験が心の傷となっていることがよくあるのです。

取材のために児童福祉施設で寝泊まりしていると、元ストリートチルドレンが突然フラッシュバック（過去が蘇《よみがえ》る症状）を起こして泣き叫んだり、暴れはじめたり、別人格をもったりすることがあります。

私もウガンダの施設で、そんな少年にあったことがあります。中学生になるかならないかぐらいの少年でした。

彼は施設に二カ月前から暮らしていましたが、常に体に生々しい傷跡がありました。自傷癖があって、夜になる度に発作を起こしたように体を傷つけてしまうのです。施設の職員はその理由を次のように説明していました。

「彼は路上で暮らしていた時、毎夜のように〝強姦〟されていたんだ。何人もの男がやってきて押さえつけて犯すんだよ。ただ、怪我《けが》をしている時だけは〝強姦〟されることが少なかった。そこで彼は施設に来てからも、暗くなると、気が動転して自分の体を傷つけようとするんだ。だから、夜は誰かがついていてあげなきゃならないし、明かりを消すこともできないんだ」

ウガンダでは数日に一度は停電になります。そんな時も、少年はすぐに発作を起こして体を傷つけてしまいます。

正直な話、このような少年が普通の集団の中に溶け込んで生活することは非常に難しいですよね。本来は長い年月をかけてじっくり精神ケアをしていかなければなりませんが、途上国ではそうした治療は難しく、救いの手が差し伸べられないまま放置されてしまう傾向にあるのです。とりあえず、施設に放り込んでおくことしかできないのです。むろん、それで施設から逃げてしまう子もいますし、自殺してしまうような子もいます。

このような状況をどう思いますか。考えれば考えるほど救いようがなく思えますよね。

しかし、これが世界の路上で子供たちが置かれている現実であり、ストリートチルドレンに目を向けるというのはそうしたことも含めて考えていくことなのです。

第十一講　路上の犯罪

どこの国でも、一般の人々は路上生活者たちを「汚ない」とか「危険」な存在だと見なし、虐《しいた》げ、遠ざけようとします。

警察官も同じです。路上生活者と関わることを極力避け、彼らがどこで寝て何をしようとも知らぬ存ぜぬという態度をきめ込みます。

路上生活者たちはこうした状況を逆手にとって、どうせ無視されているんだから悪事をしても咎《とが》められないだろうと考えて犯罪を行うようになります。たとえば、窃盗《せっとう》をしたり、違法品を売ったりしてお金を稼ごうとするのです。

反対に、大きな犯罪組織が、誰からも相手にされていない彼らを利用することもあります。彼らに非合法商品の売買をやらせたり、臓器売買の話をもちかけたりするのです。彼らなら取調べの対象になることが少ないので利用できると判断するのです。

実際、途上国の都市では路上生活者が犯罪を行ったり、犯罪に巻き込まれたりするケースが後を絶ちません。ここでは、そうしたことを体系的に見ていきたいと思います。

貧困者のアルバイト

途上国には、物売りや物乞《ものご》いがたくさんいますが、その収入だけで完全に生活を賄《まかな》うのは困難です。

そこで彼らは小遣い稼ぎをします。単刀直入に言いますと、犯罪組織と一般庶民の間に立ってブツを流す仕事をするのです。〔11－1〕の関係図をご覧下さい。

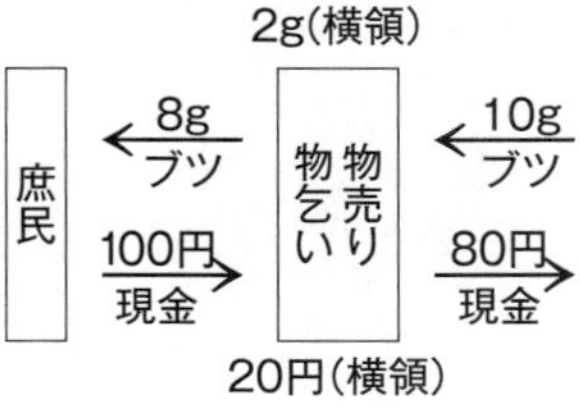

〔11－1〕麻薬仲介の小遣い稼ぎ

犯罪組織はブツを輸入し、町にたむろする物売りや物乞いに販売を任せます。物売りや物乞いは毎日路上で何百、何千という人と接していますから、その中で脈ありだと思う人を見つけるのは容易です。「俺は麻薬も扱っているんだけど買わないか」と声を掛けて承諾してもらえたら商売成立です。あるい

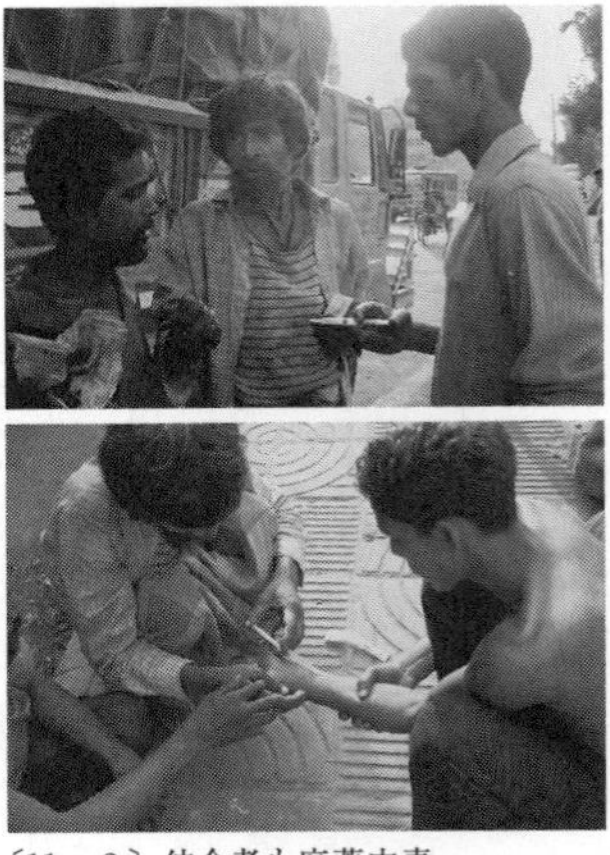
〔11－2〕仲介者も麻薬中毒

は庶民の中には彼らが麻薬の売買をしていることを知っており、自分たちから声を掛けて売ってもらおうとする人もいます。〔11－2〕が路上生活者の売人ですね。

では、なぜ彼らは麻薬組織とつながりをもっているのでしょうか。

実は、彼ら自身が中毒者なのです。彼らは路上で暮らしていくうちに仲間から誘われて薬物に手を出すようになります。しかし、彼らは物乞いや物売りでその日暮らしをしている身ですから易々《やすやす》と薬物を買えるような収入はありません。

そこで彼らは、一般庶民からお金をもらって犯罪組織から麻薬を買い、その一部を抜き取ろうとするのです。客が十グラム欲しいといえば、八グラムを客に渡して二グラムを自分のものにしたり、客が百円だせば八十円分買って残りの二十円を懐《ふところ》に入れて自分の麻薬代に充《あ》てたりするのです。

犯罪組織がやり手の路上生活者をヘッドハンティングすることもあります。売り上げの一部を仲介手数料として払う約束をして売人になってもらうのです。こうすれば、犯罪組織の販売網は格段に広がりますし、客である一般庶民も恐ろしいマフィアに直接近づかなくてもブツを手に入れることができます。いわば、路上生活者が仲介をすることでカモフラージュになっているのです。

こうした路上生活者の売人たちはどれぐらい儲《もう》かっているのでしょうか。

どこの国でも犯罪組織が仲介手数料として払うのは一割ぐらいです。日本の場合、大麻一グラムの末端価格は四千円といわれていますが、海外の場合ですと十分の一以下ということもあります。表にしますと、〔11－3〕のようになります。

マリファナ（１グラム）	
都会	100～200円
郊外	50～100円
ハッシシ（１グラム）	
都会	400～1000円
郊外	300～800円
ブラウンシュガー（１グラム）	
都会	800～1500円
郊外	500～1000円

〔11－3〕ドラッグ価格

こんな状態ですから、売人が一日に三人お客さんを見つけたとしても、収入は数十円か数百円というレベルです。そういう意味ではやはり物売りや物乞いとの兼業でなければ生活していけないのです。

これとは別に、麻薬の売買に修行僧のような人たちが関わっている、ちょっと変わった例をご紹介しましょう。

インドやネパールには、サドゥーと呼ばれる修行僧がおり、伝統的に修行の一環と

〔11－4〕大麻の吸引が認められた修行僧／棒に男根を巻いて伸ばす修行

して大麻を吸引することが認められています。その修行僧たちが、寺院の裏かなんかで自分たちの麻薬を一般の人に売って小遣い稼ぎをしていることがあるのです。これは結構有名な話で、「大麻を吸う修行僧」が〔11－4〕のような写真ハガキになっているほどです。

この修行僧はとんでもない修行ばかりやっておりまして、他にも「イチモツで石を持ち上げる修行」をしたり、「針の山の上で暮らす修行」をしたり、「爪《つめ》や髪を一生切らないという修行」をしたりしています。こんな苦行に勤《いそ》しむ一方で、大麻を売っているんですから呆《あき》れちゃいますよね。私が知り合った修行僧は日がな一日股間《こかん》をしごいて「一年間勃起《ぼっき》を維持する修行をしているんだ」と自慢していました。もし本当にそんなことができたらアソコが鬱血《うっけつ》して腐って落ちてしまうと思うのですが……。せいぜいがんばってもらいたいものです。

ところで、このような路上生活者の売人たちは犯罪組織との仲介役であり、実働部隊です。犯罪組織がやっているビジネスを一般庶民へと広めていくのが仕事です。〔11－5〕の図の通りです。

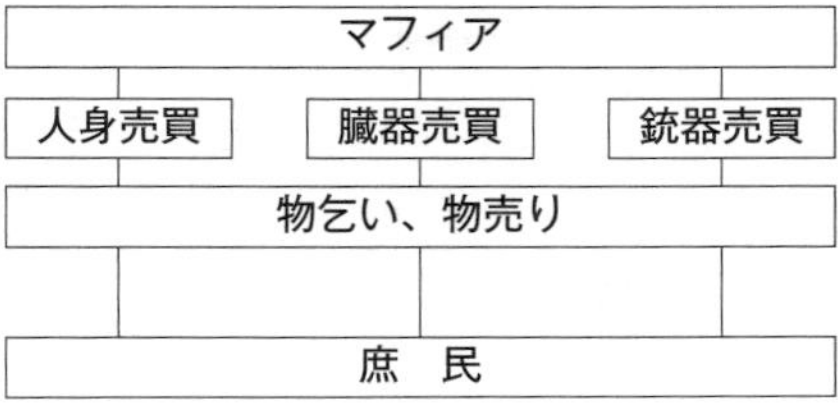

〔11－5〕マフィアの代理人としての顔も……

路上生活者は犯罪組織がやっているビジネスの代理人です。したがって、犯罪組織がやっているビジネスであれば、麻薬以外でも何でも手掛けることができるのです。

たとえば、犯罪組織が行う人身売買ビジネスを路上生活者たちが手伝うことがあります。物売りや物乞いたちは町を徘徊《はいかい》していますから、家出少女や女の子の浮浪児を見つける機会が多いのです。彼らはそうした女性に声を掛けて騙《だま》し、犯罪組織へと売りさばくのです。この他にも、臓器ブローカーの役割を担《にな》ったり、銃器の密売を行ったりすることもあります。

こうしてみると、前にご紹介した「スラムの犯罪」と同じことが路上でも行われていることに気がつくのではないでしょうか。

スラムの犯罪はそこに巣くう犯罪組織によって直接行われていることがほとんどですが、路上生活者はその遊撃隊のような存在として暗躍します。自らの立場を利用して、スラムでの犯罪を町の中心部へもち込むのです。いわば、スラムの病原体を町の中心部へと運んでくる鼠《ねずみ》のような役割もしているといってよいかもしれません。したがって、物売りや物乞いが増えれば増えるほど、数多くの犯罪が都市部に流れ込んでくるという見方もできるのです。

路上生活者の自発的な裏ビジネス

次は路上生活者本人たちが、犯罪組織と関わりなく自発的に行っている犯罪をご紹介します。

路上生活者が自発的に行う犯罪は「泥棒」「恐喝」「強姦《ごうかん》」といった元手がかからない単純なものです。この中でもっとも頻繁に行われているのが、泥棒だといえるでしょう。

国によっては、「廃品回収者は副業がゴミ拾いで、本業は泥棒」なんていわれていることもあります。彼らはゴミ袋を抱えて町を歩き回るのですが、そのついでに店頭の商品を袋の中に放り込んでしまうのです。

以前、バングラデシュにいた時、顔見知りの廃品回収者が週に一度露天商になって、盗んできた商品を格安セールしていたのを見たことがあります。盗んだ商品なら原価がゼロですから、半額で売ったとしてもぼろ儲けですよね。彼はなかなかの曲者《くせもの》で、立派なアパートに暮らしていました。

途上国にはこうした泥棒のための「泥棒市」なるものがあります。盗んできた商品を格安で売りさばいている市場です。昔は泥棒本人たちが盗品を堂々と売っていたようですが、さすがに今ではそこまで大っぴらにやると警察につかまってしまいます。そのため、商人たちが泥棒からブツを買い取ってそれを売る仕組みになっていることがほとんどです（路上生活者は教育を受けていないので計算能力が弱く、販売を人に任せざるを得ないという別の実情もあるようです）。

こうした「泥棒市」の商品はたしかに安いのですが、値段交渉が面倒です。最初の言い値がバカ高く、泥棒市のくせに千円の商品を一万円ぐらいにふっかけてくるので、それを強気で値切っていかなければなりません。要は、泥棒と交渉してそれを「どこまで市場価格より落とせるか」が勝負になってくるのです。がんばれば値下げしてもらえますが、そのぶん手間と時間がかかるのです。

暇な時にこういうところで時間をつぶすのは楽しいものです。学生時代に、私は泥棒市で写真のフィルムをまとめ買いしたことがありました。町のカメラ屋さんなら三千円ぐらいのものを、朝から晩までかけて値切りに値切ったのですが、二千五百円ぐらいにしか下げられませんでした。「まぁ、それでも俺の勝ちだ」と意気揚々としてホテルでカメラに装着しようとしたら、なぜかフィルムが開きません。よく見るとすべて使用済みのフィルムだったのです。「うわ、騙された。俺の負けだ!」と思ってすべてゴミ箱に捨ててしまいました。

それから数年後のある日、作家・吉行淳之介《よしゆきじゅんのすけ》のエッセーを読んでいましたら、そこに戦後の日本でも同じことがあったという話が書いてありました。吉行淳之介も騙されて使用済みフィルムを買ってしまったそうですが、そのことを後で友人に話したところ、「それはフィルム屋ではなく、ポルノ写真屋だったんじゃないか。そのフィルムを現像したらポルノ写真がでてきたかもしれないぞ」と言われておおいに後悔したそうです。私はそれを読んで「あ! 俺の場合もそうだったかもしれない!」とムチヤクチャ悔しくなりました。泥棒市で買った使用済みのフィルムを現像してみたら、一体何が写っていたのでしょう……。今もそのことを考えると地団駄を踏んでしまいます。

レンタルチャイルド

路上生活者たちが起こす小さな裏稼業《かぎょう》の一つに、レンタルチャイルドというのがあります。

以前物乞いについてお話しした時、彼らが多くの喜捨を得るにはそれだけ同情してもらう必要があるということを説明したかと思います。特に深刻なのは健常者の物乞いです。

健常者の大人が一人で物乞いをしていてもあまり見向きもされません。しかし、その人がいたいけな赤子を抱いていれば、通行人は足を止め、「かわいそうだなぁ。お金をあげようかな」と考えるようになるものです。

このため、路上生活者のグループの中で子供の貸し借りが行われるのはごく一般的なことでした。女性によっては五人も六人も子供がいるので、そのうちの何人かを子供のいない仲間に貸してあげるのです。子供のいない女性は、借りた子供を抱いて路

〔11－6〕レンタルチャイルド・ビジネス

上で「貧しい母子」を演じて物乞いをすることで、いつも以上のお金を稼ぎ、その何割かをお礼として赤子の母親に支払うのです。

こうしてスラムや路上生活者のグループの中で「子貸し業」というべきものが行われるようになったのです。これが「レンタルチャイルド」というシステムでした。資本金が必要ない上に、借りる側にもかなりのメリットがあるので、路上生活者のグループにどんどん広まっていきました。

やがて、犯罪組織がそれに目をつけるようになりました。このシステムを悪用することで「レンタルチャイルド・ビジネス」ともいうべき犯罪システムをつくり上げたのです。イラストにいたしますと、〔11－

〔11－7〕レンタルチャイルドを抱く老婆

6〕のような流れで行われます。

まず犯罪組織は病院の新生児や、路上生活者の赤子を誘拐して、一箇所に集めます。生まれたての赤子から三歳児ぐらいまでが一番利用価値があるとされています。

犯罪組織はその子供たちを町にいる物乞《ものご》いたちに一日いくらという形で貸し出します。借り手は赤子のいない年老いた物乞いが多いですね。〔11－7〕をご覧いただくと、老婆《ろうば》が赤子を抱いているのがおわかりになるでしょう。この赤子はレンタルチャイルドです。

私はこの商売の存在をインドのムンバイとチェンナイの二都市で確認しましたが、二〇〇二年当時の貸し賃は一日に百～二百円ぐらいでした。物乞いたちによれば、赤

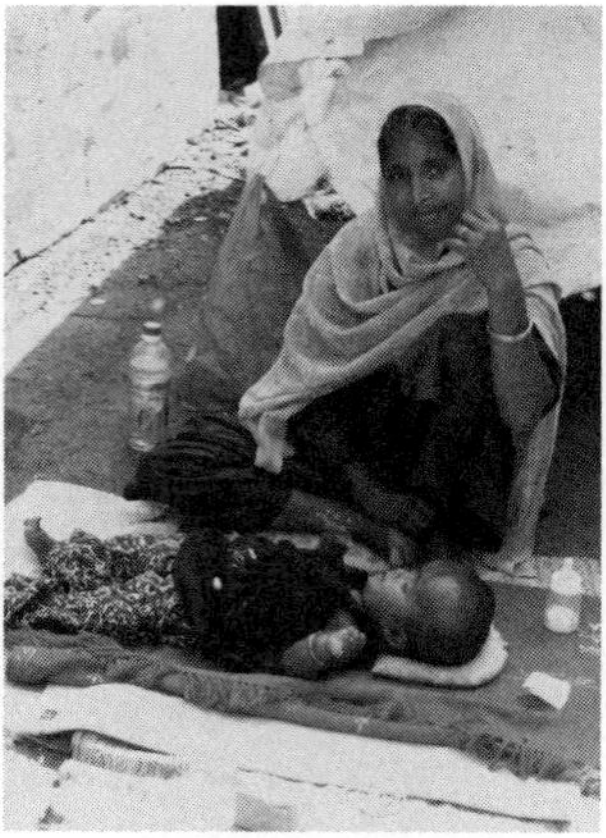
〔11－8〕赤子が障害児のケースも……

子を抱いていれば二百〜四百円ぐらい多く喜捨をもらえるのだそうです。そうなると、赤子を借りれば百円から二百円ぐらい多く儲かるのです。

また、赤子が障害児ですと、通行人が寄せる同情はより大きくなり、多額の喜捨を得られるという現実もあります。〔11－8〕のような親子ですね。私たちだって、女性の物乞いが、重度の障害児を抱いていたら、なんとか助けてあげたいという気持ちになるでしょう。こちらはかなり珍しいビジネスになりますが、一日八百円ほど出せば障害児を借りられるなんて噂《うわさ》を耳にしたこともあります。

では、犯罪組織はこのビジネスでどれぐらい儲けているのでしょうか。意外なことに、あまりお金にならないのです。

犯罪組織がどれぐらいの規模でこのビジネスを行うかによりますが、多いと五十人ぐらいの赤子を擁しています。単純に一人貸して百五十円だとすると、五十人貸しても一日でたった七千五百円、月に二十二万五千円にしかなりません。スラムの住人なら余った子を貸すだけで百円でも手に入れば満足でしょうが、犯罪組織が大掛かりな規模でやる分には決して割りのいい仕事とは言えません。

このため、この犯罪に手を染めるのは、巨大な犯罪組織というより、貧しいチンピラたちなのです。日本に置き換えれば、指定暴力団というより、ホームレスの中でも特に柄の悪い人や不良の集団がやっていることなのです。貧しい者たちが生活苦にあえぎ、食いつないでいくために行っている商売だと言えるでしょう。

このレンタルチャイルド・ビジネスを取材していた時に、とても印象深い話を聞きました。女性の物乞いたちの間に広がっていた真実とも噂ともつかない話です。

ムンバイの町に、スルタナという年老いた女性の物乞いがいたそうです。彼女は生後数カ月の女の子の赤子を借りて、物乞いをして暮らしていました。ずっと赤子と一緒に暮らして、儲かった分から借り賃を毎日支払っていたので、実質赤子につきっきりの生活でした。

スルタナは次第にその赤子を溺愛《できあい》するようになりました。もともと彼女は不妊症で子供を授かることができず、それを理由に家庭内暴力を受けて夫から追い出され、物乞いになった過去がありました。だから、人一倍レンタルチャイルドをかわいがり、我が子のように大切に育てていたのです。

六年が経《た》ち、赤子は女の子になりました。すると、犯罪組織のマフィアがやってきて、スルタナに子供を返すように命じました。今のうちに売春宿へ売って雑用をさせ、ゆくゆくは売春婦にさせようとしたのです。

スルタナは彼女を我が子同然にかわいがっていましたから手放すことができませんでした。娘も行きたくないと泣きだします。そこで二人は逃亡を図ることにしました。しかし年老いた物乞いの行き先なんてたかが知れています。マフィアはすぐに二人を捕まえ、スルタナを殺害し、娘を売春宿に売りました。娘は悲しみのあまり三日後に自ら命を絶ってしまいました。

やがてこの事件の話はムンバイの物乞いの女性たちの間に広がりました。それを聞いて以降、彼女たちは赤子をレンタルする時は愛情が移らないように数カ月置きに子供を取り替えることになったのだそうです。数カ月に一度赤子を取り替えれば誰か一人の子に愛情を注ぐということはなくなりますからね。この話をしてくれた女性の物乞いはこんなことを言っていました。

「女性の物乞いはみんな孤独なのよ。だからすぐにレンタルチャイルドに愛情を寄せてしまう。でも、そんなことをしていたら路上では生きていけないんだ」

路上の誰もが何かで寂しさを埋めようと必死なのでしょう。ある人にはそれがシンナーであり、ある人には異性であり、そしてまたある人にはレンタルチャイルドなのかもしれません。

本格的物乞いビジネス

路上生活者たちが行うレンタルチャイルド・ビジネスは儲《もう》からないと申し上げました。ただ、これはスラムの住人や物乞いやチンピラといった人たちがやるからなのです。

犯罪組織は犯罪組織でも、いわゆるマフィアのような組織がそれを手掛けると事情は大きく違ってきます。レンタルチャイルドのシステムは目を覆《おお》いたくなるような血なまぐさいものになり、そして大金を生み出すようになるのです。

では、マフィアのような犯罪組織が手掛けるレンタルチャイルド・ビジネスとはどういうものなのでしょう。

組織が誘拐してきたのが赤子ならば数年は貸し出し用としてつかいます。しかし、その子たちが六歳ぐらいになれば、直接一人で物乞いをさせ、その儲けをすべて奪うようになるのです。

先ほど五十人の子供を貸し出したとしても、一カ月で二十万円ぐらいにしかならないと申し上げました。

しかし、その半分の二十五人の子供たちに直接物乞いをさせて、それをすべて奪ったらどうなるでしょうか。一人が日に千円稼げば、一日で二万五千円、一カ月で七十五万円にもなりますよね。発展途上国の物価に照らし合わせたら、月に二百万円から三百万円ぐらいになり、経費を差し引いても相当な儲けになるでしょう。つまり、彼らに物乞いをさせてその上がりをすべて奪えばかなりの収入になるのです。

このような犯罪は世界各国で行われています。東南アジアでいえば、タイ、マレーシア、シンガポール、ベトナムなどで聞いたことがあります。この場合は、外国人がやっているケースが多いですね。

たとえば、タイの隣にカンボジアという国があります。タイよりもずっと貧しい国です。カンボジアの犯罪組織はストリートチルドレンを騙《だま》して物価の高いタイの大都市につれてきて物乞いをさせ、その稼ぎをすべて巻き上げるのです。一昔前には、首都バンコクで五人の子供に物乞いをさせれば一日に一〜三万円ぐらい儲かりました。月に三十万から百万円の収入なら、この国では金持ちになれますよね。

近年タイではこうした物乞いビジネスが次々と明らかになり、メディアなどがそろって「物乞いにお金を与えないようにしよう」と訴えています。子供にお金をあげてもマフィアに取られてしまうだけだ、と。

　それでもなかなか喜捨はなくなりません。前にも説明しましたが、物乞いには宗教的な意味合いがあり、タイのような熱心な仏教徒の多い国では、喜捨をするのが慣習化してしまっているのです。それに、もし誰も喜捨をしなくなれば、それで食べていっている物乞いたちが暮らしていけなくなってしまうでしょう。そうした事情もあり、なかなか物乞いビジネスを撲滅することができないのです。

　同じようなことは中東でもありますね。たとえばサウジアラビアは豊かな産油国である上に、聖地メッカがあるために世界中から巡礼客が訪れます。犯罪組織はそのオイルマネーと巡礼者の慈悲を狙《ねら》って、インド、バングラデシュ、パキスタンなどから子供たちを送り込んで物乞いをさせるのです。

　これまで現地では、外国人犯罪組織が物乞いをさせてつかまったというような事件が何件も起きています。逆にいえば、お金持ちのサウジアラビア人や、宗教熱心な巡礼者たちはそれだけ多くの喜捨をするということなのでしょう。なんせ、飛行機代を取り返してしまうほどの収入がなければ、わざわざ外国へ子供を送ったりはしませんからね。

　さて、こうした物乞いビジネスの中で、インドのそれはすこぶる残酷なのです。

物乞い世界には、健常者より障害者の方が稼げるという原則があります。さらに言えば、障害者は障害者でも重い障害のある人の方が稼ぎます。そこで、インドの犯罪組織は誘拐してきた子供に障害を負わせることで大金を稼がせようとするのです。

私がチェンナイという都市で取材した例をご紹介しましょう。

この町の犯罪組織はインド各地から赤子を誘拐していました。そして子供が六歳になるまではレンタルチャイルドとして物乞いたちに一日当たり数十円から数百円で貸し与えるのです。前に述べたように、ここではほとんど利益は得られません。

やがて、彼らが小学生ぐらいの年齢に達します。すると組織は彼らに身体に障害を負わせて物乞いをさせるのです。そのパターンとしては次のようなものがあります。

・目をつぶす。
・唇、耳、鼻を切り落とす。
・顔に火傷《やけど》を負わせる。
・手足を切断する。

一番簡単なのは「目をつぶす」ことです。鋭利な刃物で刺せば終わりです。ただし、途上国には感染症による盲人が少なくないため、あまり同情を引くことができません。

これよりは、「唇、耳、鼻を切り落とす」ことの方がお金にはなります。マフィアたちはナイフや剃刀《かみそり》でそれを切断するのです。指ぐらいでは効果はありません。顔でなければ喜捨につながるほどの悲惨なインパクトがないのです。

この中では「顔に火傷を負わせる」と「手足を切断する」がもっとも収入に結びつきます。火傷の場合は熱した油をかけます。手足の場合は、子供を押さえつけ、斧《おの》や鉈《なた》のようなもので一気に切断するのです。

ただ、手足を切断して治療をせずに放置すれば、子供は当然出血多量で死んでしまいます。マフィアの目的は殺すことではなく、障害を負わせて物乞いをさせることです。

そこでマフィアは二つの方法を取ります。一つが「闇《やみ》医者に治療をしてもらう」ということです。マフィアが子供の手足を切断しておきながら治療費を払って治してもらうのです。この場合は、治った後は「治療費の借金」という名目で彼らからお金を取り立てます。

二つ目は「子供たちに自力で病院へ行かせる」というものです。すでに見てきたように政府の病院なら治療が無料だったりします。なので、マフィアは手足を切断した後、その子を病院へつれていって「事故にあった」と言わせて治療を受けさせるのです。そうすれば一銭もかからずに障害児をつくりだすことができるのです。

マフィアはこうした障害児たちを町に配置し、物乞いをさせます。町によっては、障害児たちは一日に千円ぐらい稼ぐこともあります。もし五十人いれば、一カ月で百五十万円の収入になります。犯罪組織の違法ビジネスとしても相当割りのいい仕事といえるでしょう。

私がこのシステムを取材していてもっとも関心を抱いたのは、犠牲となっている子供たちの心情でした。

かつてムンバイの町のマフィアの隠れ家を訪れたことがありました。多額のお金をつんで取材をさせてもらったのです。そこには、マフィアによって目をつぶされた子がたくさんいました。ある日、私はマフィアと口論をしました。なぜこんな残酷なことをするのかと思わず言ってしまったのです。そしたら、驚くことに、被害者である障害児がマフィアをかばって、私に向かってこう言ったのです。

「マフィアは何も悪くない。きっと僕がダメなことをしたから目をつぶされたんだ。すべては僕がいけないんだ。だからマフィアを怒らないで下さい」

障害児は幼い頃に誘拐されてからずっとマフィアと暮らしていました。障害児は目の見えない状態では、ここを出ても行く所も生きていく術《すべ》もないのです。つまり、一生マフィアと共に暮らすという選択肢しかないのです。

しかし障害児はマフィアに怯《おび》えながら一緒に暮らしていたら、恐怖のあまり精神に異常をきたしてしまうでしょう。そこで、障害児たちは共存していくために、マフィアへの恐怖や恨みをすべて忘れ去ろうとしたのです。「自分が悪かったから目をつぶされたんだ」と自らを納得させて生きていたのです。

これまで私は『物乞《ものこ》う仏陀《ぶっだ》』や『レンタルチャイルド』という本などでこの事例についてのルポを詳しく書いてきました。そこで読者から寄せられる感想は「本当にそんなことが行われているのか。なんて人間は残酷なんだ」というものです。

しかし、貧困というのは時にこのような狂気を生み出すものなのです。そして、地元の凶悪犯罪と結びついているものでもあるのです。

もしみなさんが貧困問題に向き合おうとするならば、こうした犯罪を直視し、そこで自分に何ができるのかということを考えていく必要があります。ものすごく大変なことですが、現実と対峙《たいじ》するということは、そういうものだということを忘れてはならないでしょう。

第三部

売春編

第十二講　売春形態と地域

今回より、テーマを売春に移したいと思います。

第二部の路上生活編ではストリートチルドレン、物売り、物乞《ものご》いなど多くの貧しい人たちを写真で紹介してきましたが、被写体のほとんどが男性であることに気がつきましたか。

これは撮影者である私が男性であるからではなく、そもそも路上で暮らす人には若い女性が圧倒的に少ないのです。十四歳から二十五歳ぐらいまでの若い女性はまず見当たらないといっても過言ではないでしょう。

それは、この年代の女性の多くが売春業に関わっているからなのです。売春宿で働いて客を取っていたり、立ちんぼ仲間で部屋をシェアして暮らしたりしているために、屋外で寝泊まりすることがほとんどないのです（路上で寝たところでたちどころに強《ごう》姦《かん》や誘拐の憂《う》き目にあうでしょう）。

こういう意味において、「世界リアル貧困学講義」の中で売春を一つのテーマとして据えるのは決して間違いではないはずです。

世界の売春事情

世界に売春業の存在しない国は、まずないといえるでしょう。どれだけ厳しい国でも、何らかの形で存在します。宗教に厳格なイランにだって、政治的な締付けのある北朝鮮にだってあります。

世界にどれだけの売春婦がいるかは統計の取りようがありませんが、推計はでていますので、インドと中国のケースを人口比とともにご紹介しましょう。

インドと中国の売春婦人口
2000万人（中国総人口約13億人）
1000万人（インド総人口約10億人）
※出典「Record China」「AFP」

どちらの国も人口の半分が女性だとしたら、中国で三十人に一人、インドで五十人に一人が売春婦ということになります。これは赤子も老人もすべて含めた数ですから、貧しい年頃の女性に限ればずっと高い割合になるに違いありません。

ここまで売春婦の数が多いと、性産業が生み出す利益は相当なものになるはずです。こちらも推測で考えていくしかないのですが、GDPに占める性産業の割合として次のようなデータがあります。

GDPにおける売春の占める割合
韓国　5%
中国　6%
※出典「中央日報」「Record China」

韓国や中国のような国でGDPの五パーセント程度だとすると、アフリカや東南アジアの途上国における割合はさらに上がるはずです。事実、最貧困国とまではいえないフィリピンで十パーセント以上といわれていますから、十パーセントを超す国は相当数あると考えられるでしょう。

国の中で売春がここまで大きな産業になってしまうと、政府はおいそれと規制を厳しくするわけにはいかなくなってしまいます。特に途上国の場合、性産業がなくなれば膨大な数の失業者がでて国が立ち行かなくなってしまう危険すらあるのです。

　こうしたことから、途上国の中には性産業を合法化して経済の発展に結びつけようとする動きもあります。性産業が認められれば、観光客が増加しますし、外資の誘致もしやすくなり、税収も増えるためです。途上国では、性産業が生み出す利益は無視できないほど巨大なものになっているのです。

　東南アジアの中でこのような国の代表として挙げられるのがタイでしょう。次の頁の〔12－1〕の写真と〔12－2〕の地図は首都バンコクにある歓楽街パッポン通りです。ナイトクラブが建ち並ぶ通りがすべて外国人用のお土産屋台で埋めつくされ、性産業と観光ビジネスが一緒くたになっている様子がうかがえると思います。

　また、地図をご覧いただくとわかるように、このパッポン通りのすぐ横にタニヤという通りがあります。ここは日本人向けの歓楽街で、日本語をしゃべれるホステスたちが路上にあふれて客引きをしています。

　ただ、豊かな外国人のうち日本人だけが途上国の都市に自国向けの歓楽街をつくっているわけではなく、韓国人、アメリカ人、アラブ人など他の国の男たちも同じようなことをしており、「国ごとの歓楽街」があります。情けないことに、世の男が考え

〔12－1〕ゴーゴーバーの間にひしめく屋台と外国人

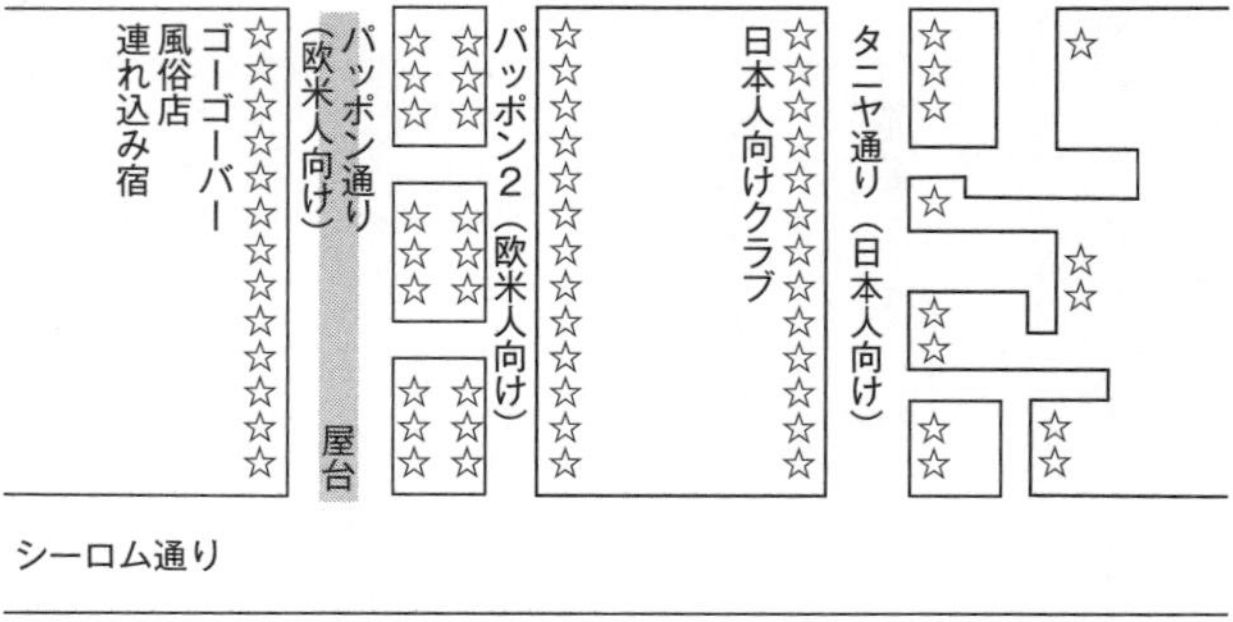

〔12－2〕バンコクの歓楽街パッポン通り

ることなど所詮《しょせん》似たり寄ったりなのでしょう。

地域ごとの形態

世界の性産業には、多種多様な形態があります。宗教、経済力、文化、流行など様々な影響を受けて特有の形を生み出しているのです。

それをすべてご紹介するわけにはいきませんので、ここではアジア、中東、アフリカと大きく三つにわけて地域ごとの特性をまとめてみました。

①アジア……売春宿、ナイトクラブ、立ちんぼ、美容院
②中東……売春宿、洋服屋などの紹介
③アフリカ……バー、立ちんぼ

まず、アジアから見ていきましょう。ここでいうアジアとは、東アジア、東南アジア、中央アジアを示します。

どこの国にも一般的な形態としてあるのが売春宿（置屋）と呼ばれるお店です。次頁の〔12－3〕がそれですね。先に紹介したタイやインドネシアの歓楽街は外国人や地元のお金持ちのためのスポットですが、こちらの売春宿は地元の庶民が利用する場所です。

〔12－3〕売春宿と売春婦たち

売春宿の特徴は、建物の中にベニヤ板で区切ったような粗末な寝室があり、女性と出会ってすぐにそこで性行為に及べることです。寝室は二畳ほどの広さしかなく、ベッドが一台あるだけです。シャワー室が別にあることもありますが、時には部屋の隅にある桶《おけ》に水が入っているだけのこともあります。〔12－4〕のような部屋ですね。こういう場合は、裸になってしゃがみ、桶の水で股《こ》間《かん》を洗って、ベッドインするのです。

寝室の管理方法は二パターンあります。個室割り当て型か、共有型です。

個室割り当て型は、売春宿のボスが建物から売春婦まですべてをもっており、従業員である売春婦に個室を割り当てます。売春婦はその部屋で寝泊まりし仕事をする代わりに、掃除や飾り付けなどをやらなければなりません。

共有型の場合は、売春組織が売春婦だけしか抱えておらず、寝室を所有していません。そのため、売春婦たちは連れ込み宿へ行ったり、ある建物の寝室を数人の売春婦

〔12－4〕売春宿にある寝室と股間を洗う桶

と共有することで売春をします。むろん、その寝室をつかう時は一定の使用料を払いますが、掃除や管理はすべて所有者が行うことになります。〔12－5〕は、そうした寝室専門の業者です。

　私は取材でこうした寝室に住み込んだことがありますが、一番つらかったのが虫でした。売春婦も客も使い終わったコンドームやティッシュをそこらへんに投げ捨てるのですが、蟻《あり》が乾いた精液を食べに集まってくるのです。そのため、部屋で寝ていると客の乾いた精液をくわえた蟻の大群が私の体によじのぼってきて、股《また》や耳や鼻に入り込んでくるのです。たまったものじゃありませんよね。オチオチ眠っていたら、男の私まで妊娠してしまいそうです。

〔12－5〕レンタル寝室

その他の売春形態としては、マッサージ店やカラオケ店や美容院などを装《よそお》った店です。この中でちょっと想像しにくいのが美容院ですよね。外から見ると普通の美容室なのですが二階に上がったり、奥の部屋が売春宿になっているのです。中国本土には風俗店がカモフラージュのために美容院の看板を出していることがあるので、それが華僑《かきょう》を通じて東南アジアに広がったのでしょう。ベトナムやインドネシアなど華僑の多い国には、大抵美容院を装った売春施設があります。

これを知らないで入ると仰天しますよね。今でこそ私はハゲの名をほしいままにしていますが、学生の頃は頭皮一面に原生林のような髪が生い繁《しげ》っていました。なので、中国や東南アジアを長く旅している時は、どの美容院が「本物」なのかわからず、ほとほと参りましたね。ここなら大丈夫だろう、と入ってみたら、カーテンの奥から全裸のオバちゃんが三人現れて「ニーハオ」と声をそろえられたこともありました。びっくりした拍子に髪まで抜けてしまったのかもしれません。

次に、②の中東に話を移しましょう。

中東はイスラーム教の厳しい地域として知られています。表向き、中東諸国では宗教の教えにもとづいて、売春ばかりでなくポルノ全般を厳重に取り締まっています。したがって、売春宿はできるだけ目立たぬように、雑居ビルの一室でひっそりと経営されているのが普通です。売春婦たちは部屋から一歩も出ずにテレビを見たり携帯電話をいじくったりしており、口コミで客がやってきた時だけ面倒臭そうに奥の寝室へ移って仕事をするのです。東南アジアのように公然とネオンが光って、路上で呼び込みをしているなんてことはありません。地元の警察もある程度把握しているのでしょうが、裏でこっそりと営んでいる分には必要悪として見逃してもらえるようです。

中東らしいといえば、洋服屋をつかった奇妙な売春があります。アフガニスタンやイランなどでは、女性は買い物に出るにも父か夫につきそってもらわなければならず、店員との交渉も父か夫の役割となっています。しかし、女性が自分の衣服を買う時だけは、女性一人で店に入ってサイズ合わせをやらなければなりません。婦人服店は、女性が唯一《ゆいいつ》男性（店員）と素顔をさらして話すことのできる場所なのです。そのようなことから、婦人服店の店長が売春斡旋《あっせん》業をしていることがあるのです。

たとえば貧しい女性がお金に困った時、婦人服店へ行って、店長にこっそりと「売

〔12－6〕イスラーム圏では女性にベールの着用が義務づけられている

春をしてお金を稼ぎたいので、お客さんを紹介してくれないか」と頼みます。店長は自分のネットワークをつかって男性客を見つけ、彼には先にホテルで待機していてもらい、後で女性をそこへ送り込みます。もちろん、その一割とか二割を店長が斡旋料として手に入れます。とても非効率的な方法ですが、女性が思うように外を出歩けない社会では、このような方法によって売春をするしかないのです。

イスラーム圏でも女性の一人歩きが許されている国であれば、売春婦が町中で客をつかまえることがあります。が、そんな国でも女性にベールの着用が義務づけられていることがあるのです。〔12－6〕のような格好です。

これでは男性客は、ベールの中の女性が自分の好みのタイプかどうかわかりませんよね。買春男はセコイですから、一万円要求されても千円の価値しかなかったらどうしようとウジウジと悩んでしまいます。

そこで女性は自分の写真をもち歩き、男性と交渉をする時に、「ベールの中の私は、こんな美人なのよ」とそれを見せて値段を上げたり下げたりするのです。

でも、こうした仕事にイカサマはつきものです。写真ではものすごい美女だったので喜んで連れ込み宿に入ってみたものの、ベールの下からでてきたのはオバサンだったなんてことがあるのです。また、オバサンではなくオカマだったりすることもあるようですね。けれど、すでにホテルの部屋を取ってしまったため、悲しいかな、大抵の場合はちょっと値切ってからベッドインということに相成るようです。一度ついた欲望の炎はなかなか消せないというのが正直なところなのでしょう。

ただ、最近は携帯電話が普及してきたので、掲示板をつかったり、写メールで顔を確認したりする売春の形態が確立されつつあるようです。携帯電話がイスラーム諸国に性革命を巻き起こすことになるのかもしれませんね。

最後に、③のアフリカを見てみましょう。

アフリカでは、かなりの数の女性が売春に携わっていますが、アジアに見られる華やかなナイトクラブや売春宿は数が少なく、「立ちんぼ」が主体となっています。

立ちんぼには二通りあります。夜の暗くなった町角に立って客引きをするか、バーや連れ込み宿などに出入りして男性に声を掛けて部屋にしけ込むかです。特に深夜まで営業しているバーには大抵売春婦がいるといっていいでしょうね。安いバーであれば売春婦も安く、高級バーであれば売春婦も高いのです。

アフリカは中東ほど売春に厳しくないため、アジアと同じぐらい多くの売春婦を見ることができます。それでも東南アジアにあるような売春婦が何年も住み込みで働く売春宿が少なく、不特定多数の女性が出入りするバーが主体であるのはなぜなのでしょうか。

あくまで憶測にすぎませんが、ある医者はエイズが関係しているのではないかと言っていました。アフリカでは地域によって売春婦の九割以上がＨＩＶ感染していると推定されています。これぐらいになると、住み込みで働こうとしても、大抵の女性が売春宿で働きだす前に感染していますから長くは働けません。あるいはそんなすぐに発病しなくても、東南アジアのように十年も二十年も働きつづけるのは難しいと考えられます。こうした理由から、特定の女性が一箇所で長く働く売春宿が少ないという結論に至るのです。

このように、売春産業はその国や地域に合わせて形作られていきます。それはそれでしっかりと細かく調べれば、文化論としてはとても興味深いものになるのではないでしょうか。

公認と非公認

どこの国の政府も、本音では売春を完全に取り締まることはできないとわかっており、「目立たないようにやってくれればいい」と考えています。

しかし、国の見解として、売春を公式に認めるかとなると話はまったく異なってきます。宗教的な理由でそれができない国もあれば、ＨＩＶの流行を阻止するためになりふりかまわずに合法化するような国もあります。

政府公認の売春と、非公認の売春について見ていきましょう。

〈公認売春〉

売春が合法化されているのは、欧米の先進国がほとんどです。オランダ、ドイツ、オーストラリア、ニュージーランドなど多数に上ります。アメリカでも一部の州では合法とされ公認の売春宿が存在します。先日も女子大生が自分の処女を公認の売春宿で売るといってネットオークションにかけたところ数千万円の値がついたのだとか。そこまで堂々とやられるとさすがにいやらしさが吹っ飛んでしまいますね。

一方、途上国では売春合法化の動きはほとんどありません。現在合法化されているのは、タイやインドなどごく一部の国だけです。イスラーム諸国は宗教上の理由から基本的にすべて禁じられていますし、アフリカ諸国でもまず違法とされています。

合法とされている国の例などを見てみると、途上国で認可される場合は、「HIVの予防」「徴税」「犯罪防止」の三点が主な目的だといえるでしょう。

タイなどでは観光産業や外資系企業が性産業と結びついており、外国人が莫大《ばくだい》なお金を落としていきます。政府としては産業を合法化することでHIVの流行を予防し、かつしっかりと税金を吸い上げた方がいいですよね。

そこで政府は売春施設に対して営業許可を与える代わりに、営業時間を決め、HIV検査を徹底させ、徴税しています。むろん、店側は国の意思に反したことをすれば許可が取り消されてしまいますので、人身売買やぼったくりなどもできなくなります。パッポンやナナプラザといった巨大な繁華街には、〔12－7〕のような広告が貼《は》られており、男性客にもHIV検査を勧めています（しかも日本語！）。

こうした政策は店舗の側にもいい効果をもたらします。特に、複数の店舗を展開するグループ企業は高い税金を払ってでも営業を認めてもらい、観光ビジネスと一緒くたにして客を誘致してもらった方が、事業の拡大は容易なはずです。そのため、タイにあるキングスグループなど巨大なグループ企業は営業許可を取った上で、多角的に店舗展開をしています。

ただし、売春が合法化されている国にも、違法な売春組織は数多くあります。政府が一部の地域でしか売春を認めていないケースがありますし、悪質な店長が人身売買で集めてきた女性を無賃金で働かせて、税金を支払わずに荒稼ぎをするケースもあります。

私も取材の時に、合法店と非合法店をどこで見分ければいいのかわからずに困ったことがありました。一番簡単な見極め方法は、幼い売春婦がいるかどうかという点でしょう。売春を合法としている国では、働く女性を成人のみとしています。逆にいえば、違法なお店は未成年かそれに近い女性を安く提供することによって、合法店では満足できない男性客を取り入れようとしているものです。タイでも、インドでも、若すぎる女性がいるお店はすべて非合法であり、裏に犯罪組織がかなり深く関わっていると考えるべきでしょうね。

〔12－７〕ＨＩＶ検査を勧めるポスター

最後にちょっと付け加えておきますと、買春をする男性の一部は「合法的な売春宿ならちゃんと検査をしているので、ＨＩＶの心配はいらない」と考えている人がいるようです。しかし、これはまったく的確ではありません。ＨＩＶ検査は月に一度ぐらいのペースでしか受けていませんし、感染後三カ月しなければ正確な検査結果がでないと主張する専門家もいます。つまり、感染日から感染結果が明らかになるまでは最大で数カ月のタイムラグがあることもあり、たとえ現時点で女性が陰性の検査結果をもっていても、それが百パーセントであるという保証はないのです。

〈非公認売春〉

売春を合法化している国にも、非公認の売春宿がたくさんあります。

売春宿が無許可で不法に営業をする理由はいくつもあります。

これまで見てきたように本当に貧しい人は海外からの移民だったり、戦争難民だったりしますよね。彼らは法的には不法滞在者になるため、合法的な売春宿で働くことができませんので、危険だとわかっていても生活のために非合法の売春宿で働かざるを得ないのです。店側からすればわざわざ営業許可をもらって高い税金を納めるより、無許可で人件費の安い外国人売春婦を雇った方が実入りはいいのです。

また、街のストリートチルドレンは若くして自らの手で稼いでいかなくてはなりません。十歳だろうと、十二歳だろうと、売春でも何でもやって生き抜かなければならないのです。そんな幼い少女たちが働けるのは非合法の売春宿だけです。

それに、やむをえない人身売買というのもあるでしょう。貧しい家族の中には食いつないでいくために娘を売春宿へ売らざるを得ないことがありますが、合法店では人身売買は禁じられているので、非合法の売春宿に頼る他ありません。

このように売春が合法であっても、特定の人々にとって非合法の売春宿はなくてはならない存在なのです。もっといえば、本当に困っている人の多くは、非合法の売春宿に頼らざるを得ないという実情もあるのです。

町には、こうしてできた非公認売春がいたる所で見られます。先に紹介したマッサージや美容院や立ちんぼといった売春も、置屋のような売春宿もまず違法だと考えて間違いありません。営業許可をとっているのは、せいぜい大都市の巨大なナイトクラブぐらいです。

このような非合法のお店は、国に対して税金を支払っていませんが、その代わり警察官に賄賂《わいろ》を払って見逃してもらっています。地元の警察官はどこに違法店があるかを知っていますから、夜になるとやってきて、「お国には黙ってやるから、ちょっと小遣いをよこせ」という具合に袖《そで》の下を要求してくるのです。

大抵警察官はスクーターや自転車で町に点在するお店の前へ行きます。すると門番や呼び込みの男たちが軽く挨拶《あいさつ》をして、さりげなく小さく折った紙幣を渡します。警察官はまるで集金作業のごとく違法店を巡回して少しずつ賄賂をとっていくのです。途中で疲れると、店の中に入ってタダで飲み食いしたりすることもあります。この場合は、飲み代が賄賂の代わりになります。

お店が支払う賄賂の額は、国や地域によって違いますが、一回数十円から百円ぐらいでしょう。ただ町の警察官がそれぞれ取り立てにきますから、一晩に十～二十人来たとしたら一日千円ぐらいの出費になってしまいます。現地の物価に照らし合わせれば結構な額ですよね。

これは、立ちんぼなどの独立売春婦も同じです。彼女たちは巡回してくる警察官に対して二、三十円ぐらいの賄賂を払います。それとて十人に要求されれば日に二、三百円の出費になってしまいます。お客さんを一人とって千円ぐらいだったりしますから、その四分の一ぐらいの額になりますよね。

賄賂を支払わないとどうなるのか。時には警察官からの報復があるのです。

かつてインドネシアの首都ジャカルタで、線路脇《わき》にある物置のような小汚い置屋の取材をしたことがありました。その店はいろんな事情があって数カ月賄賂を支払っていませんでした。

ある日、警察官がついに怒って、真っ昼間に突然ガソリンをまいて火をつけました。店はたちまち燃え上がって全焼し、営業不可能になってしまいました。売春婦たちはもともと違法なことをやっているので、火をつけられたとしても文句を言ったり、訴えたりすることができず泣き寝入りすることしかできませんでした。

非合法の売春婦といえば、一つ思い出深いことがあります。

ずいぶん前に、たまたまバンコクの街角で立ちんぼと知り合ったことがありました。メリーという名前の二十歳そこそこの子でした。私が泊まっていたホテルの下で客を取っていたため、何度か話しかけられているうちに仲良くなったのです。

当時、私は夜中まで取材をしていたので、夕飯を食べるのは午前零時を過ぎてからでした。私は宿に荷物を置くと、腹をすかせて立っているメリーを誘って屋台でタイ・ヌードルをすすっていました。メリーは以前公認のナイトクラブで働いていたのだそうです。ただ、何かしらの事情があってお店をやめて違法な立ちんぼになったのだとか。私は彼女を取材していたわけではないので、それ以上深いことは訊《き》きませんでした。

メリーは屋台でヌードルをすすっている最中いつも警察の悪口を言っていました。

お客さんがつかまらないのに警察は賄賂ばかり要求してくる。おかげで家賃が払えない。そんなような話でした。

毎晩同じことばかりぼやくので、ある日、私はなぜ公認のナイトクラブで働かないのかと尋ねました。彼女はまだ若いので働けないことはありませんし、そこであれば少なくとも食いはぐれることはないだろうと思ったからです。すると彼女はこうつぶやきました。

「実は、私ＨＩＶに感染しているの。だから公認のナイトクラブでは働けないのよ」

公認のナイトクラブではＨＩＶ感染者は雇用してもらえません。そのため、ＨＩＶ感染した売春婦はお店をやめざるを得ないのです。しかし今さら実家に戻るわけにもいきませんし、他の職業に就くこともできません。それで、やむを得ず非合法の立ちんぼになったのだということでした。

私は彼女の立場を考えれば売春も仕方のないことだと考えていました。しかしこの話を横で聞いていた屋台の主人はそうは考えませんでした。ＨＩＶだとわかっているのに売春をしていることに怒りを覚え、屋台から追い出し、二度と来るな、と立ち入りを禁じたのです。

その日以来、私は屋台で一人で食事をとることになりました。近くに別の店はなかったのでメリーを置いて食べるしかなかったのです。メリーは悲しみ、毎日主人に「入れて下さい」と頼んでいました。主人は冷たくあしらうだけでした。ある日、メリーは急に泣きだしました。

「お客さんには悪いと思っているわ。けど、私も他に生きていく術《すべ》がないの。今はできるだけ感染しないようにコンドームを二重にしてつけてもらっているわ。お客さんが事情を知らずに、着用を嫌だと言って殴ってきても土下座して頼んでいるのよ。私も精一杯やっているの」

彼女は彼女なりに罪悪感を覚えながら、なんとか感染させないようにしていたのでしょう。

私は彼女がここまで追い詰められてもなお男性客に思いやりをもっていることに驚き、胸がしめつけられるような気持ちになりました。しかし主人が憤慨する理由もわからないではありません。

私は何と答えるべきかずっと考えていましたが、うまい答えは見つかりませんでした。そうこうしているうちに、メリーは去っていってしまいました。それ以降、彼女は二度と姿を見せませんでした。

第十三講　売春婦の実態

前回は国と性産業の関わりについてお話しましたので、今回の講義では売春業の内情を見ていきたいと思います。

発展途上国の売春というと、搾取《さくしゅ》、暴力、人身売買といった暗いイメージを抱く方もいるかもしれません。たしかに売春世界の一部ではそんなこともありますが、実際は仕事として割り切って受け入れている人もいますし、誇りをもって一生懸命に働いている人もいます。

そういったことも含め、まずは売春を四つの形態に分けて、その内部構造をご説明いたしましょう。

売春の雇用関係

売春を分類すると、大きく四つに分かれます。次の通りです。

〔13－1〕フィリピンのゴーゴーバー

①ナイトクラブ
②売春宿（一般）
③売春宿（悪徳）
④独立売春婦

これらについて個別に見ていきたいと思います。

①ナイトクラブ

ナイトクラブにはたくさんの女性が働いており、踊ったり、お酒を飲んだり、お酌したりしています。日本で言えばパブのようなところです。〔13－1〕はフィリピンのゴーゴーバーです。

ナイトクラブの客層は富裕層や外国人です。そのため、女性たちもある程度教養のある若くて美しい女性が多い

〔13－2〕すべて同じ学校の出身者

ですね。大半のお店が国から営業許可をもらっていますので、人身売買や強制売春はあまりなく、若い女性が友達同士で働いていたりします。〔13－2〕の写真はすべて同じ学校の出身者で、姉妹そろって働いている子も含まれます。

お店のシステムは簡単です。男性は気に入った女性を呼び、お酒をおごりながら仲良くなり、売春の値段交渉をします。そしてお店側に「連れ出し料」を払い、女性に「買春代」を払い、ホテルなどへしけこむのです。

お店の収入源は、男性客の飲み代と連れ出し料です。一方、女性はお店からの給与と売春で稼ぐお金が収入になります。

ここで注目すべき点は、女性たちがお店からもらうお給料がとても少ないことですね。お店にもよりますが、一般的に基本給は数百円ぐらいで、あとは客に一ドリンク奢《おご》ってもらったら一杯につき数十円のマージンをもらう程度です。これだけなら物乞《ものご》いが一日で稼ぐ額と大して変わりません。そのため、女性は体を売って稼がなければやっていけないのです。

ただ、発展途上国のナイトクラブはどこも供給過多です。以前、出版社の編集者がナイトクラブ内の写真を見て「こんなに女性がいたら商売にならないですよね」とあきれていましたが、まったくその通りなのです。男性一人に対して女性が十人ぐらいいるために、客がついて売春ができるのは週に一、二回なんてこともザラなのです。なので、高級ナイトクラブに勤める女性でも、スラムのバラックでルームシェアして暮らすのがやっとという状態なのです。

日本の場合は「豊かになるために売春をする」のですが、途上国では「なんとか一日二、三食たべていくために売春をする」といった意味合いがつよいのです。

ょう。

②売春宿（一般）

売春宿や置屋は、ナイトクラブよりもずっと安価な商売です。男性客は労働者や商売人など一般庶民がほとんどで、一回で客が支払う料金も千円から四千円ぐらいでしょう。

ここで働いている売春婦の大部分は地方の出身者です。

若い売春婦の場合は、仕送り目的で出稼ぎにやってきた女性か、家の口減らしとして都会に送られてきた女性が大半を占めます。単純に、都会に憧《あこが》れてやってきたものの仕事がなくて売春婦になったという女性もいます。

年齢でいうと、三十歳以上の売春婦になるとちょっと事情が異なります。夫に死なれたり、家庭内暴力から逃げ出してきたりした女性が多いのです。途上国の田舎はほとんどが農家であるために、女性は働き手である夫を失うと収入の道が閉ざされ、都会へでてきて売春をしなければならなくなります。家庭内暴力で夫から逃げて来た際にも同じようなことがいえます。

いずれにせよ、田舎の教養のない女性にとって売春宿はすぐに仕事を得られ、衣食住を保障してくれる場所なのです。ただ、がむしゃらになって働いているというより、途上国特有ののんびりした雰囲気の中で〔13－3〕のように適当に客を取っているよ

〔13－３〕くつろいでいる売春婦たち

うな感じですね。

　では、彼女たちの給与体系はどのようになっているのでしょうか。

　彼女たちは完全出来高制で、客の支払った額の何割かを売春宿に支払うことで食と住だけは保障してもらっています。

　たとえば、男性客が千円を支払ったとしましょう。通常はこの三割から五割（三百〜五百円）が売春宿側の儲《もう》けになります。その代わり、売春宿は彼女たちに三食＋ベッドを提供し、さらにはトラブル処理や警察への対応・賄《わい》賂《ろ》なども負担します。

　こうした売春宿は女性を主体にして運営されています。組織構造は次のようになります。

女将《おかみ》がトップの管理者です。

その下に、ベテラン売春婦たちがいます。彼女たちは年齢がいっている分あまり仕事がありません。その代わり、若い売春婦たちに仕事のイロハを教えたり、掃除や炊事や洗濯といった雑務をこなすことで手伝いをするのです。いわゆる中間管理職的な存在ですね。

実働部隊はなんといっても、十八〜二十代半ばの若い売春婦たちです。彼女たちは雑用を先輩に任せて、働き蜂《ばち》のように一心不乱に客を取ります。とにかく稼いで稼いで稼ぎまくるのです。

こう見てみると、売春宿は女系社会であることがおわかりになるでしょう。上から下まで完全なオンナの世界なのです。

よく売春宿の取材をしてきたという話をすると男性諸氏に羨《うらや》ましがられるのですが、私からすればこれほど大変なことはありません。女子高にまぎれこんでしまった変なオジサンがどんな悲惨な扱いを受けるか想像していただけたらわかるのではないでしょうか。

取材中は売春宿に泊まりこんで売春婦たちにインタビューをしつづけるのですが、

そこで繰り広げられる光景は男性にはちょっとショックです。何十人という女たちが裸のまま床であぐらをかいて腋毛《わきげ》をブチブチ抜いたり、性感染症になったと言って股《また》からでてきた膿《うみ》の臭《にお》いを嗅《か》ぎ合ったり、血のついた生理用品をそこらへんに投げ散らしたりします。男性である私の居心地の悪いことといったらありません。一体どこに目をやり、どのタイミングで話しかければいいのでしょうか。正直、物乞いやマフィアの取材の方が何倍も楽でした。

③売春宿（悪徳）

売春宿の中には、日本でいう暴力団のような犯罪組織が経営しているような性質《たち》の悪い所もあります。

先ほど売春宿は女性社会だと申し上げましたが、悪質な売春宿は犯罪組織が経営権を握っているために、管理者が男性なのです。組織構造をイラストにしますと〔13―4〕のようになります。

女性社会としての売春宿と比べると、違いは一目瞭然《りょうぜん》ですよね。

犯罪組織と結びつきのある男性が経営者として君臨し、その下に女将や売春婦たちがいるのです。すべての権力は男性が握っており、女将はその補佐にすぎず、ただ利

〔13－４〕犯罪組織が運営している売春宿

益のためだけに若い売春婦たちが働かされるのです。

悪質な売春宿には、人身売買で集められた若い子が多いのも特色です。悪質な売春宿の場合、こっそりと営業していますし、店の売春婦が働きたいと言う友達を紹介してくることはありませんから、お店側がお金を出してでも売春婦をかき集めなければならないのです。それが、こうした宿で人身売買が横行している理由なのです。

ここで少し人身売買の構造についてお話しましょう。〔13－5〕の図をご覧下さい。

ブローカーは、田舎の貧しい親を説得して娘を買ったり、女性本人を「町

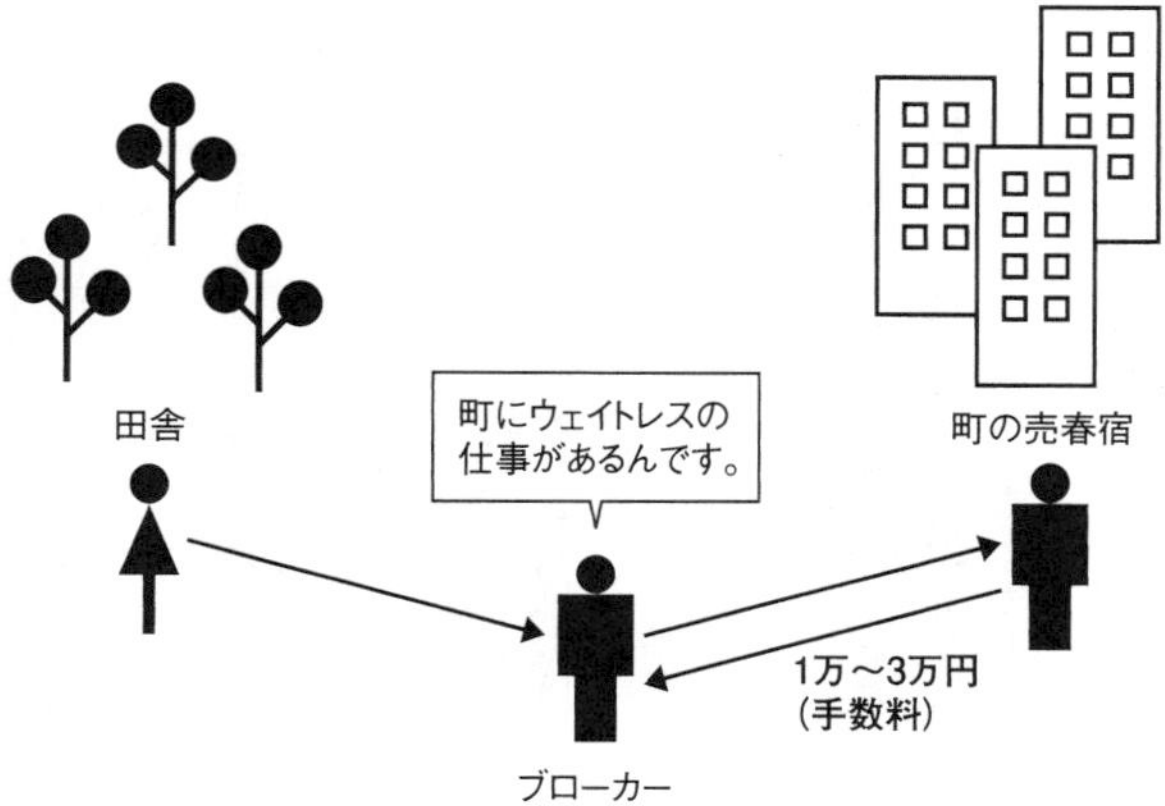

〔13－5〕人身売買の構造

にウェイトレスの仕事がある」と騙《だま》して都会へ連れて行って売ったりするのです。

　ブローカーというと女性を売って荒稼ぎしているような印象があるでしょう。しかしバングラデシュやインドあたりですと、女性一人を売って得られる利益は一万円から三万円ぐらいです。田舎の村々をさまよって家族と危険な交渉をしてもせいぜい一カ月に二、三人ぐらいしかさばけないでしょうから、決して実りのある仕事ではないのです。そのため、人身売買行為は、田舎のお金のないチンピラが一万円とか二万円ぐらいの借金に困って、知り合いの貧しい娘を騙して売春宿へ売り飛ばすぐらいのレベルで行われているのが大半なのです。

時々日本のメディアは、途上国の売春婦を「人身売買によって売られてきて、狭い一室に閉じ込められて日夜売春を強要されている少女」という固定観念でとらえることがありますが、売春婦全体の中でそうした女性が占める割合は決して高くありません。取材をしてみると、お金に困って自分から働きに来たり、出稼ぎと割り切って一時的に働いている人が大多数で、人身売買による強制売春の被害者は見つけることが難しいぐらい少ないのです。だからといって売春がいいというつもりは毛頭ありませんが、その部分を単なる正義感だけで一面的に考えても逆に真実を見失ってしまうと思い、あえて申し上げました。

④独立売春婦

独立売春婦というのは、店や組織に属さずにフリーで売春をしている女性で、主に「立ちんぼ」と呼ばれて道端で客を見つけます。

彼女たちはすべて己の裁量だけでやっているようですが、実際は仕事の手伝いをしてくれる男仲間がいます。男仲間たちは、彼女たちが路上で客引きをしている際にトラブルに巻き込まれた時に駆けつけたり、仕返しにいったりします。また、彼ら自身が客を見つけてくることも多いですね。

ご想像つくかと思いますが、こうした男仲間は立ちんぼの愛人であることが多く、いわば「ヒモ」のような存在なのです。どこからどう見ても、うさんくさいダメ男みたいな輩《やから》ですね。まぁ、自分の愛人に売春させて平気でいられるんですから、当たり前といえば当たり前ですが。

このような男仲間の代わりに、小規模な組織が関わっていることがあります。彼らは大きな犯罪組織というより、チンピラや不良集団といった方がいいでしょう。数人の仲間で集まり、田舎から来た女性を騙したり、路上で育った女性たちを利用したりして、売春組織をつくっているのです。ただ、売春宿をつくるほどの資金力がなかったり、ノウハウに乏しかったりするので、彼女たちに路上で立ちんぼをさせて手軽に小銭を稼いでいるのです。

こうした組織がからんでいる立ちんぼは一目見てすぐにわかります。かならず四人以上のグループになって客引きをしており、時々仲間の男が様子を見に来たりしています。

興味深いのは、こうした路上売春では、男仲間と売春婦が恋人や夫婦関係であることが珍しくないということですね。どんな状況にあっても、男と女が近くにいれば恋

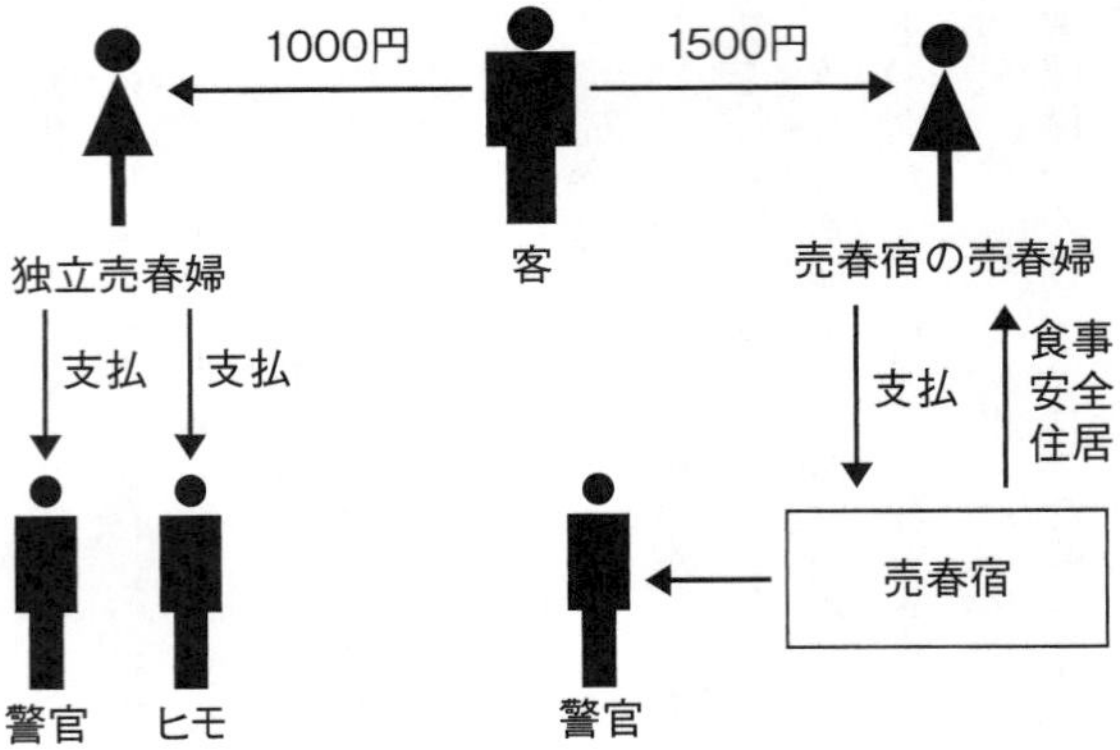

〔13－６〕独立売春と売春宿ではどちらが儲かる？

愛関係に発展し、結婚するようになるということなのでしょうか。あるいは結婚したものの生活がうまくいかなくなって夫が妻に売春させているということなのでしょう。

ところで、独立売春と売春宿での勤務では、どちらが儲かるかご存じですか。これはとても難しい問題です。

独立売春の場合、一日で取れるお客さんは最大二人ぐらいで、料金は売春宿のそれより少しだけ安いですね。一方、組織売春でも繁盛《はんじょう》している売春宿ならその倍のお客さんをとることができますが、何割かはお店に吸い上げられます（食と住は無料）。図にすると〔13－6〕のような違いがあります。

こう見てみると、どちらが儲かるかはそ

の女性次第だということがわかるでしょう。ただし危険に巻き込まれる割合いは独立売春の方が高いため、業界全体では「立ちんぼをする女性は、なんらかの事情によって売春宿で働けない人たち」という傾向があります。少なくとも、売春宿の女性たちは立ちんぼをする女性をそういう目で見下していますね。

女装男性の売春

売春は女性が体を売るだけではありません。男性が男性に対して体を売ることも売春の一つです。特に、途上国では物乞《ものご》いの章で見たようにオカマは非常に貧しい生活を強いられており、生活苦から春をひさぐようになる人も少なくないのです。

タイなどの彼女たちに寛容な国には、女装男性の売春婦が働くパブがたくさんあり、男性客と知り合い、売春の契約を交わして、ホテルへとしけこむシステムがビジネスとして成り立っています。こういうお店で働く彼女たちは目が飛び出るぐらいの美女ばかりです。

しかし、実際にそういう所で働けるのは、ほんの一握りの人たちだけです。実際は美容整形手術に十分なお金がかけられなかったり、年齢を重ねてしまったり、薬物などにはまってしまったりしている人がかなりいるのです。そういう人たちは、薄暗い

〔13－7〕インドネシアの女装男性売春婦

路地裏で立ちんぼをしたり、スリをしたり、睡眠薬強盗をしたりして生きていくことになります。

〔13－7〕は、インドネシアの路上に立つ彼女たちですね。首都ジャカルタにはフリーの女装男性たちが集まるスポットがいくつかあり、やってくる車を止めては、裸を見せたり、窓から手を入れてつかんだりするのです。

インドなんかでも、夜になるとヒジュラの売春婦たちが道端にずらっと並んで客を探しています。また、商業都市ムンバイの赤線地帯の一角には、ヒジュラ専用の売春宿が密集している通りがあります。

イスラーム圏内では、廃墟《はいきょ》の一室が

待ち合わせエリアとしてつかわれることもあります。少年愛趣向の大人たちは廃ビルの一室にやってきて、集まってくる貧しいストリートチルドレンの中から好みの少年を探し出して、連れ込み宿や自宅へ連れ込んで性行為をするのです。パキスタンやイランやシリアでこうした場所を訪れたことがありますが、そういわれなければ決してわからないような普通の場所でした。

同性愛の売春で問題なのは、犯罪率の高さです。

女装男性といってもその内面は様々で、性行為をかならずしも享受《きょうじゅ》できない人がいます。たとえば心は女性でも性欲は男性ということがありますし、フェラチオは大丈夫でも肛門《こうもん》性交はNGという人もいます。あるいは、気持ち悪い客と性行為をしたくないと考える人もいるでしょう。

そんな時、彼女たちはホテルへ入った後、態度を急変させて恐喝したり、睡眠薬強盗を働いたりするのです。もともと体は男性ですから腕っぷしがつよく、殴り合いをして勝つこともザラです。たぶん、そうした腕力における力関係もあるのでしょう。性行為をせずにお金だけ取ろうとすることがよくあるのです。

しかし、これは悪質な売春宿とて事情は同じ。君子危うきに近寄らずです。というか、危うすぎますが。

〔13－8〕ナイトクラブの売春婦

〔13－9〕
貨物列車の荷台で売春するケースも

売春婦の格付け

最初に、〔13－8〕と〔13－9〕を見比べて見てください。

一つはナイトクラブにおける売春婦、もう一つは使い古しの貨物列車の荷台で売春をする路上生活者たちです。一目見て両者の置かれている立場がまったく異なることがおわかりになるでしょう。

私たちは「売春婦」をすべて一緒くたにして考えてしまう傾向がありますが、売春婦の中には様々な価値基準による格付けがあるのです。

おそらく誰もが思いつくのは、「容姿」「年齢」「スリーサイズ」などによる基準でしょう。美人やスタイルのいい女性の方が人気も収入も上がります。ただ、途上国の売春においては、それ以上に重要な価値基準があります。それは、〔13－10〕の図のような教育レベルによるヒエラルキーです。

高級ナイトクラブに勤められる売春婦には、教養が必要とされます。客は外国人や地元のお金持ちですから、英語や周辺国の言葉がしゃべれなければなりませんし、接待のための社会常識が必要になってきます。また、客の要求も高く、若くて美しい女性が求められます。

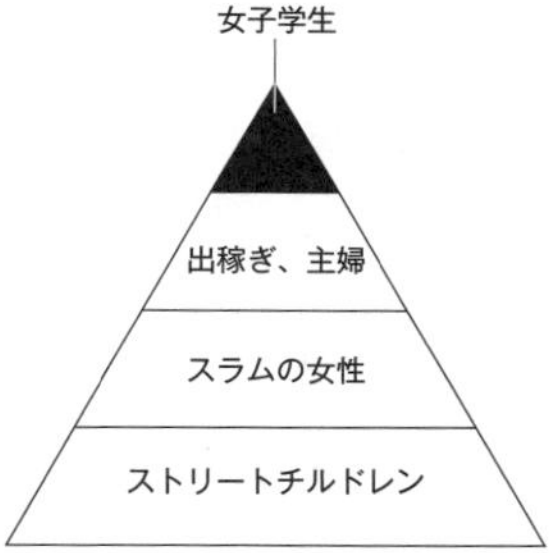

〔13－10〕東南アジアの取材でわかった売春婦の格付け

この条件をクリアするのは、地元の女子大生などですね。東南アジアの高級ナイトクラブでは、上流階級の女子大生がたくさんいます。日本でも似たようなことはいえますが、特に教養の差が明確な途上国においては女子大生ぐらいの教育環境がなければそういう所で働くための教養を得ることができないという現実もあるのです。

この次にくるのが、主婦や出稼ぎ女性などです。彼女たちは、最低限の教育（義務教育レベル）を受けている層で、読み書きや計算など基本的な教養があり、テレビや新聞から世の中の情報を得られる環境が整っており、「日常的な会話ができるレベルの教養」のある人たちです。

彼女たちが相手にする男性客は、雑貨屋の親爺《おやじ》、サラリーマン、運転手など中産階級の人々です。彼らは難しい政治やビジネスの議論こそしませんが、常識やちょっとした雑学をネタに談笑をすることはあります。最低限の教養があればその話題についていくことができるのですが、逆に途上国ではそれすらない人が数多くいるために、彼女たちが二番目にランクされるのです。

三番目に位置するのが、スラム出身の女性です。家族の愛情を受けて育ってきたとはいえ、初等教育すらほとんど受けていません。小学生程度の知識しかなく、社会常識に欠けていたりするのです。

彼女たちは、自分たちと同じようなスラムの住人や日雇い労働者といった男性をお客にします。彼らはお酒を飲んで優雅に雑談するようなお金はありませんから、即座に値段交渉をし、そのまま性行為をして帰っていくだけです。男性の側にも女性の側にも教養があまり必要とされないのです。

そして、ピラミッドの底辺にいるのが、ストリートチルドレン上がりの女性です。

前に述べたように、彼女たちは教育どころか愛情も知らずに育ったため、精神を完全に病んでいるような人も少なからずいます。それだけならまだしも多くが薬物中毒者だったり、前科持ちだったりします。

たとえば、私の取材の中で知り合ったある売春婦は手に負えないぐらい暴れるような人でした。テレビを観ている最中にフラッシュバックを起こして突然パニックに陥ったり、眠っている最中に急に大声を上げて叫んで暴れ回ったりオネショをしたり、あるいは男性客とのやりとりのなかで思い通りにならないことがあると飼い犬に八つ当たりして殺そうとしたりするのです。

路上で生まれ育った子にはそれほど珍しいことではないのです。正直、一般の男性がお金をだしてまで、こういう女性を買いたいと思うわけがないですよね。それゆえ、売春ヒエラルキーの中でも最底辺に位置づけられ、数十円から数百円なんて値段しかつけてもらえなくなってしまうのです。

ちなみに、こうした女性を買うのも、同じようなストリートチルドレン上がりの男性や麻薬中毒者です。社会に完全に捨てられたような者たちがとんでもなく安い額で売買春をしているのです。数十円といった金額です。このような構図はやるせなくもありますが、別の見方においては非常にたくましいともいえるでしょう。

サービスから妊娠中絶まで

売春と一括《ひとくく》りに言っても、サービス内容は様々です。

ナイトクラブや高級売春宿ですと、外国人が出入りしていますので、サービスが国際化していきます。たとえば、日本人買春客が多いタイのバンコクなどでは、日本のソープランドでのサービスや営業形態が「輸入」されています。日本人客に喜んでもらうためにサービスを日本式にしていった結果そうなったのでしょう。恥ずかしいことに、「ブッカケ」「顔射」などといった言葉がインターナショナル・ジャパニーズとなってつかわれていることもあります。「ツナミ」や「スシ」と同じようにつかわれているのです。

一方、庶民が出入りする売春宿では、サービスはまずありません。制限時間は三十分。前戯は一切なし。払って、脱いで、洗って、挿入。これで終了です。

途上国では、高級ホテルや一流レストランなら、国際基準の優良サービスを受けることができますが、それ以外の場所では「サービス」と呼べるものがありません。安宿でも屋台でもそうですよね。これは、売春の世界でも同じことなのです。

売春婦たちが気にしているのはサービスではなく、「避妊」の問題ですね。通常彼女たちはコンドームやピルをつかったり、避妊注射を受けたりしていますが、時とし

〔13－11〕売春婦たちが利用する私立の産婦人科病院

て男性客がそれを拒んだり、薬や避妊具の質が悪く効果をなさないこともあります。

途上国の売春婦たちにとって妊娠はとても大きな問題です。日本であれば中絶手術を比較的簡単に受けることができますが、途上国、特にイスラーム諸国ですと、表向きは売春も未婚者のセックスも存在しないことになっていますから、独身の女性が中絶手術を受けることが難しいのです。

ただ、ここにもまた例外が存在します。私立病院の中には、売春婦向けにひっそりと中絶手術を行っている所があるのです。〔13－11〕は世界でもっとも封建的といわれるパキスタンとアフガニスタンの国境地域にある私立の産婦人科病院です。ここにはベールを被《かぶ》った様々なワケアリの女性がやってきて中絶手術を受けて帰っていきます。このようにものすごく宗教的に厳格だと思われている場所にも、何らかの逃げ道はあるものなのです。

でも、値段はものすごく高いですよ。この病院の場合は、一手術につき五、六十万円取っています。このあたりにいるアフガニスタン難民の売春婦が稼ぐお金なんて一年で数万円から二、三十万円がいいところでしょうから、中絶一回につき数年分の収入が吹き飛ぶ計算になるのです。

そこで、彼女たちはできるだけ安い中絶をしようと、民間療法や伝統薬に頼ることになります。大体どこの国にも呪術師《じゅじゅつし》や薬師《くすし》みたいな人たちがいて、秘密裏に禁じられた堕胎を行っているのです。方法は無茶苦茶で、「お腹《なか》を殴る」「冷たい水の中に一週間入りつづける」「膣《ちつ》の中に毒を入れる（服用する）」なんてことをするのです。当然こんなことをすれば母体に悪影響がないはずもなく、現地の新聞を読んでいると頻繁にこれらによる死亡事故が報告されています。

では、多くの女性たちはどうやって対処しているのでしょうか。

一番手っ取り早く、リスクもお金もかからない方法は、産んでしまうことです。

〔13－12〕女性にかわいがられる売春婦の子供たち

売春婦は出産準備に入ると仕事をすることができなくなってしまいます。本人が良くても、男性客が相当のマニアじゃない限り、お腹の膨らんだ妊婦を買おうとはしないでしょう。そんな時、売春宿の女将《おかみ》は彼女の仕事を雑務に替えて、ゆとりをもって出産を迎えられるようにしてあげるのです。

とはいえ、売春婦も体で稼いでナンボですから赤子を産んだら、すぐに働かなくてはなりません。その時は暇な売春婦やベテラン売春婦たちが交代で子守をしてあげるのです。母親が客を取っている時は暇な売春婦がオシメの交換をしたり、母乳の出る女性が乳をあげたりするのです。〔13－12〕はそのようにして育てられた子供です。

みなさんの中には「そんな環境で育つ子供がかわいそう」と考える方もいるでしょう。が、私はそう断言することがかならずしも正しいとは思いません。

かつてインドのスラムを取材していた時、そこに売春宿がありました。女性が二十人、子供が五人ぐらい住んでいました。子供たちは夜は親の売春の手伝い（ベッドメイクなど）をしていましたが、昼間はしっかりと学校へ行っていました。そのスラム全体の就学率は二、三割でしたから、売春宿で育つ子供たちだけが全員通学していることは意外でした。売春宿の子供の方が恵まれた生活をしているわけです。

ある日、私は売春宿の女性と店先で立ち話をしていました。その際、なにげなく「子供に売春の手伝いをさせるのは教育的に良くないのではないか」と訊《き》いてみました。頭の片隅に売春宿の子供をどうしても擁護したい気持ちがあったのです。すると、その女性は本気で怒って次のように答えました。

「わたしは、娘を絶対に売春婦にさせたくないの。だから、いま売春婦になって働いているのよ。そうすればご飯も食べさせてあげられるし、日中は学校へ通わせてあげられるでしょ。たぶん、娘が大きくなれば、売春婦であるわたしを軽蔑《けいべつ》すると思うわ。けどそうなってくれれば、彼女が売春婦になることはなくなるはず。そうやってしっかりとした人間になってくれれば良いのよ」

それから六年して同じ所へ行ってみました。すると、その娘さんは美しい高校生になってペラペラの英語で私を迎えてくれました。スラムの子供たちの多くが初等教育すら受けていないのに、売春宿の子供たちだけは高校へ進んで、しっかり勉強していたのです。もちろん、その中に売春婦になった子はいませんでした。

私はこの時以来、売春宿に暮らす子供たちを一方的に「かわいそう」だと考えるのは失礼に当たるのではないかと思うようになりました。そもそも第三者が「かわいそう」「悲惨」という考え方を押し付けたところで何の意味もなさないのです。少なくとも、彼らに会ってからこういう一面もあるのだと考えるようになりました。

途上国におけるＨＩＶ

売春がＨＩＶの感染拡大の一因となっていることはご存知でしょう。

通常のセックスでは、ＨＩＶの感染率というのはそれほど高くなく、異性間の性行為における感染率を一パーセント以下とする専門家もいます。

しかし、途上国の売春婦たちはそれ以上に感染率は高いと考えられます。彼女たちは淋病《りんびょう》やクラミジアなど他の性感染症に罹《かか》っていたり、栄養が不足していたりするために、ウィルス感染の危機にさらされやすい体をしています。

また、一日に十人、二十人とお客さんを取ることもありますし、避妊に協力しない乱暴な客も多いようです。それを考えれば、途上国におけるＨＩＶ感染率というのは、先進国で一般に言われる数字よりはるかに高いものになるはずです。

ただ、これは誰もが予想できるＨＩＶ感染パターンですよね。どこの国でもこれぐらいのことは予想して、売春婦に検査を義務づけたり、コンドームを配布したりして予防に向けて努力しています。

ところが、現実というのは奇妙なもので、想像もできないような原因でＨＩＶ感染が広がることもあるのです。たとえば、南アフリカ共和国で次のような事件がニュースとして報道されたことがありました。

「ある地方の村で、ＨＩＶが大流行していました。成人の多くがＨＩＶ感染し、バタバタと命を落としていたのです。そんな村に次のような噂《うわさ》が広がりました。

『ＨＩＶ感染者は、処女や障害者とセックスをすれば、たちどころに病気が治るらしい』

現地の人たちはこれを鵜呑《うの》みにして、次から次に幼い少女を強姦《ごうかん》し、ＨＩＶを治癒《ちゆ》させようとしました。しかし、そんなことでウィルスが死滅するわけもなく、逆に十歳にも満たない少女にまでＨＩＶが拡大してしまうことになりました」

　これを読んだ方の大半は「はぁ？」と思ったのではないでしょうか。

　しかし、こういうことはありえないことではないのです。

　アジアでもアフリカでも昔から処女や少し変わった体の女性とセックスをすると、神秘的な力が宿るとか病気が治るといった迷信がありました。また、日本でも風邪を人にうつせば自分の風邪が治るといわれているように、病気を感染させれば治るという言い伝えもありました。

　彼らはそうした昔ながらの考え方を今もって信じており、実行に移しただけだともいえるのです。アフリカの農村などではこうしたことが起きるのは珍しいことではないのです。

　また、以前タイでミャンマー難民の取材をしていた時に、面白いことに出くわしたことがありました。

　その町に、難民のための総合病院がありました。たまたまそこを訪れたら、ボランティア活動をしている日本の医学生と知り合いました。彼は夏休みを利用して病院に泊まって、難民のための医療活動を行っていたのです。ある晩、一緒にレストランで食事をしていたところ、彼が次のようなことを教えてくれました。

「何日か前から病院の内科で診ることになったのです。すると、なぜか高熱を出してチンチンを真っ赤に腫《は》らした若い男たちがひっきりなしに運ばれてくるのです。そんな患者が一日に何人もいるのです。一体どうしたらそんなことになるのかと尋ねてみました。すると患者は『チンチンを大きくするためにココナッツオイルをアソコに注入した。そしたらこんなになってしまった』って言うんです。難民たちの中に、ココナッツオイルを注入すると巨根になれるという噂があるらしくて、若い男の子がこぞって注射器の使い回しをしているらしいんです。当然、汚い注射器でココナッツオイルを注射すれば炎症が起きてアソコは腫れ、熱が出て倒れることになりますね。これが、病気の正体だったのです」

この話だけ聞けば、「マヌケな若気の至り」ですよね。

巨根さえもてば女性にモテると信じ、変な薬を飲んだり、シリコンを入れたりする輩《やから》が世界には大勢います。おそらく、ミャンマー難民の青年たちもそれと同じような感覚でココナッツオイルを注射したのでしょう。

よく考えてみれば、これは注射器の使い回しであり、ここからＨＩＶが広がることは十分考えられますよね。その医学生が言うには、一日で結構な数の患者がひっきりなしに運ばれてきたそうですから、おそらく相当の男たちが何度も似たようなことをくり返しているのでしょう。あまり耳にしない変わった話ですが、こうした途上国ならではの若気の至りが、ＨＩＶ感染を広げてしまっていることだって考えられるのです。

このようにＨＩＶの拡大には様々な要因が絡《から》んでいきます。いわゆる教科書的な感染理由とは別に、迷信による少女強姦による感染、若気の至りによる感染など、庶民レベルでは信じ難いほど多くの原因が溢《あふ》れているのです。もちろん、それが回り回って売春界でのＨＩＶ感染率を高めているということもあるでしょう。

国連やＮＧＯが一生懸命にＨＩＶ感染を防ぐためにコンドームの使用を勧めるのはいいことだと思います。しかし現実には、そうした教科書的な予防方法だけでは防ぎきれないほど、多様な感染経路があるのです。

第十四講　性の国際化

あまり語られませんが、売春は世界でもっとも国際化した産業だといえるでしょう。日本にいる外国人売春婦を集めたら一体どれだけの数になるでしょうか。またフィリピンやブラジルや中国からどれだけの売春婦が海外へ渡っているのでしょうか。

おそらく世界に散らばる金融系サラリーマンや貿易商なんて物の数ではないほどの出稼ぎ売春婦がいるはずです。それだけ多くの女性が少しでも物価の高い国へ渡って、お金を稼ごうとしているのです。

本講義の最終回は、国際化する売春や性の問題について話をしていきたいと思います。

女性たちが海外へ渡る理由

貧しい国の売春婦が、豊かな国へ行こうとするのは自然なことでしょう。前に見たように途上国と先進国の格差は三百倍ぐらいになります。母国で体を売って百円しか稼げないのに、国境を越えれば三万円稼げるわけです。誰だって豊かな国へ行きたいと思いますよね。

それでも、売春婦が海外へ渡る背景には、物価の高さ以外にも別の理由がいくつかあるのです。主なものを三つほど取り上げてみていきましょう。

①戦争や災害による難民
②国際イベントを狙《ねら》って渡航
③豊かな国に外国人売春婦の需要がある

まず、①から見ていきます。

ある国で戦争が起き、人々が安全を求めて隣国へ逃げても、言葉もわからず、宗教も文化も違えば、すぐに仕事を見つけられるわけがありませんよね。そこで彼女たちは手っ取り早くお金を稼ぐために売春をするようになります。また、母親が一人で隣国へ渡って、売春で稼いだお金を故郷の家族に送るケースもあります。

紛争国の周辺国を訪れると、戦争難民としての売春婦は当然のようにいます。たとえばシリアやヨルダンなんかには、イラク人売春婦やパレスチナ人売春婦が溢れています。パキスタンやイランに行けば、アフガニスタン難民の売春婦が数えられないほどいます。国境の町には、自国の売春婦より、紛争国から来た売春婦の方が何倍も多かったりするのです。

災害も同様です。たとえば、二〇〇四年の十二月にスマトラ沖地震による津波があり、〇八年には中国の四川省で大震災が起こりました。このような大災害は家々を完全に破壊し、被災者を明日をも知れぬ身に陥《おとしい》れます。そんな時、人身売買のブローカーが集まってきて、「〇〇県にいけば仕事があるからついてこい」と勧誘し、売春宿で働かせるのです。また、一家を支えるために若い女性たちが被害を受けていない都市へ行って、そこで自ら売春をしてお金を稼ぎ、被災地の家族に届けたりすることもあります。

そういえば、スマトラ沖地震が起きた後にインドネシアの被災地に近い都市を訪れたら、安宿がすべて満室だったことがありました。不思議に思って調べてみると、被災者の女性たちが大挙してやってきて安宿に住みついて売春をしていたのです。三、四人で一室を借り、外でお客さんをつかまえては代わる代わる部屋に招いていたのです。もちろん、稼いだお金はすべて故郷に残した子供への仕送りにあてられていました。

このように戦争や災害の裏では、被災者本人たちが家族を救うために隣町や隣国へ赴き、体を売っているという現実があるのです。これで外国からの募金や支援の不足分が補われているのです。

次に②を見ていきましょう。この場合のイベントとは、ワールドカップや五輪といった国際的なものです。ここで発生する特需に売春婦が集まってくるのです。

たとえば、ドイツワールドカップの経済効果は一兆三千億円、北京《ペキン》五輪の経済効果は九兆円と言われています。膨大な人々が一つの都市や国にやってくることで、それだけ地元経済が活性化するのです。

海外から来る外国人の中にはスポーツを楽しみ、お土産を買い、レストランで食事を楽しむ一方で、夜な夜な売春婦を買う人も少なくありません。そのため、国際イベントの際には、その地域で売春婦の需要が何倍、いや何十倍にも膨れ上がるといわれています。

隣国の売春婦たちはこうした「特需」の恩恵を得ようと国境を渡って集まってきます。たとえばドイツワールドカップの時は、海外からやってきた売春婦の数は四万人にも達したそうです。ワールドカップでこれですから、五輪のようなさらに大きなイベントの場合その人数はさらに増すことは間違いないでしょう。単純に経済効果の差から計算しても、より多くの売春婦が訪れることになると推測されます。

そういえば、二〇一〇年に南アフリカで行われたワールドカップで面白い議論が湧《わ》き起こったことがありました。この大会ではお金をもった西欧人が多数やってくるため、売春婦も開催地に国中から集まってくるだろうと考えられました。

しかし、南アフリカは世界最大級のエイズ大国で、十五歳から四十九歳の人口の約五人に一人がHIV感染し、売春婦の感染率はそれをはるかに上回るとされています。もしワールドカップで集まってくる外国人がそこで買春をしたらどうなるでしょう……。

南アフリカの議員たちは国の名誉を守るため、ワールドカップ開催中は売春を合法化し、HIV感染をしている売春婦を締め出してはどうかという議論をさかんに行いました。観光客の何割かが一カ月のうちにHIV感染したとあっては国の面目丸つぶれですからね。結局、合法化は見送られ、警察が取り締まりを厳しくし、サポーターにも危険を知らせるという処置で終わりましたが、今後も似たような問題は起こりえると考えられます。

③は海外で外国人売春婦の需要が高まるために起きることです。

たとえば、ある国では、色白の女性が美しいという価値観があるせいで、その国の女性よりも色白の外国人女性の方が人気があります。そんな国に、隣国の色白の売春婦たちが需要にあやかって働きに来るようになるのです。

宗教や制度の問題もあります。イスラームの国の場合、宗教上の理由から自国民の売春婦は厳しく取り締まられてしまいますが、宗教の異なる外国人売春婦であれば「必要悪」として見逃してもらえることがあります。そのため、イスラーム以外の国の売春婦が群れをなしてやってくることになるのです。

その他に、移民の問題もあるでしょう。全世界には華僑《かきょう》だけで五千万人、印僑で二千五百万人いるといわれ、世界の各都市に中華街やインド人街が存在します。彼らが現地の売春婦より、同じ民族の売春婦を抱きたいと思うことも少なくありません。そこで、中国やインド本国から、外国にいる華僑や印僑を狙って売春婦がやってくるようになるのです。

これと同じことは、かつての日本でもありました。日本が貧しかった頃、多くの人々が移民としてアメリカや中国や東南アジアへ渡りました。それと同時に、日本人売春婦もまたそこでの需要を期待して海を渡ったのです。

面白いことに、一万円札の福沢諭吉はこうした売春婦移民論に賛成していました。彼のこんな言葉が残っています。

「賤業婦《せんぎょうふ》の外出は決して非難する可《べ》きに非《あら》ざれば、移住の奨励と共に、其《その》出稼を自由

にするは、経世上の必要なる可し」（『時事新報』「人民の移住と娼婦《しょうふ》の出稼」より）

古今東西、男が考えることなんて似たり寄ったりなのでしょう。

外国人売春婦のヒエラルキー

様々な理由で、海外に売春婦が流出していることはおわかりになったかと思います。前に売春婦の格付けについてお話をしましたが、実はこうした外国人売春婦の中にもヒエラルキーというものがあるのです。「国籍」「民族」「黒人」という三つの観点からそれをご紹介しましょう。

〈国籍ヒエラルキー〉〈14―1〉

これは私がカンボジアでの取材でわかった例です。

一位の座にあるのが中国人売春婦です。カンボジアでは華僑がビジネスを牛耳っており、大金を握っています。彼らは大金を払ってでも同じ民族である中国人を抱きたがりますので、必然と中国人売春婦が高級売春婦としてもてはやされるのです。

これは東南アジアのほとんどの国で同じことがあてはまります。タイ、ミャンマー、マレーシア、シンガポールなど、いずれの国でも華僑がビジネス界に絶大な力をもっており、その余りある金が中国人売春婦に流れているのです。彼女たちの中には華僑の娘もいますが、中国本国からの出稼ぎ売春婦の方が多数を占めているといわれています。

もう一つ興味深いのが、カンボジア国内なのに、二位がカンボジア人でなく、隣国のベトナム人だということですね。事実、それを象徴するかのように、この国には膨大な数のベトナム人売春婦がいます。

一体なぜなのでしょう。

実は、肌の色が関係しているのです。カンボジア人はベトナム人より色が黒いのです。カンボジア人女性はいわゆる東南アジア的な茶色ですが、ベトナム人は我々と同じく黄色なのです。そして、カンボジア人男性の中には「オンナの肌は白い方がいい」という考えがあり、その結果本国の女性より、色白のベトナム人女性が重宝がられるのです。

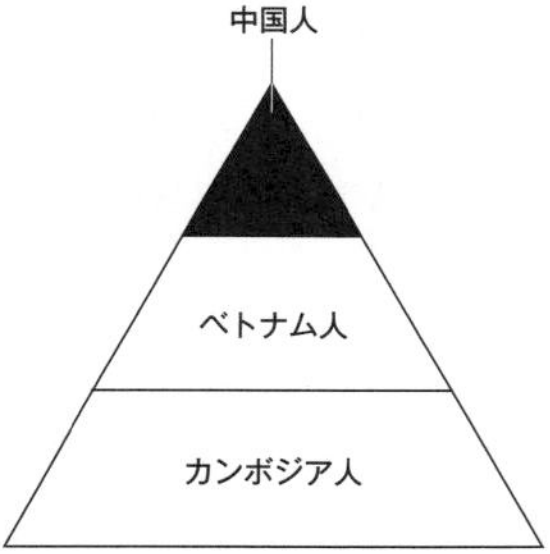

〔14－1〕カンボジアの取材でわかった外国人売春婦の国籍ヒエラルキー

ついでに申し上げますと、カンボジアと

ベトナムは仲がいいとはいえません。昔から政治的にも商業的にも小競《こぜ》り合《あ》いをくり返しており、多くのカンボジア人がベトナム人のことを良く思っていませんし、何かにつけて悪口を言っています。にもかかわらず、こと売春婦に関してはベトナム人女性の人気が高いというのは、政治の世界と性の世界は別物だということなのでしょう。

〈民族ヒエラルキー〈14－2〉〉

これは私の中東における取材でわかった売春婦のランクです。
イスラームのアラブ人は、近年欧米諸国に好き勝手に蹂躙《じゅうりん》されたり、いわれなき差別を受けたりしたため、白人のことをあまりよく思っていません。しかし、こと「性」の世界に関してはそれが当てはまらないのです。
中東にあるナイトクラブで売春をしている女性の中でもっとも人気のあるのが、白人の金髪女性です。出回っているアダルトビデオやポルノ雑誌もほとんどそうで、九割が欧米人モデルのものといっても間違いではないでしょう。イスラームではポルノ商品を生産できないので、欧米からの密輸入品にたよる他になく、その中で巨乳の金髪美女が性のシンボルとなっていったのではないでしょうか。あるいはイスラームの女より白人の方が淫乱《いんらん》でセックス上手という共通認識があるのかもしれません。

とはいえ、中東で売春をする金髪美女は「本家」のアメリカ人ではなく、旧共産圏出身者が大半です。ウクライナ、ルーマニア、ロシアといった国の貧しい女性たちが、オイルマネーと金髪人気を狙《ねら》って出稼ぎに来ているのです。

二位にランクインするのが地元のアラブ人女性ですが、国籍は外国人がほとんどです。

中東では女性が自国で売春をするのは非常に困難です。警察は自国民の女性の売春だけは厳しく取り締まっていますし、家族が娘の売春行為を暴《あば》いたらその場で射殺しても良いとされている所すらあります。そこで、女性たちは同じアラビア語が通じる隣国へ渡って体を売るようになるのです。たとえばヨルダンでは、ヨルダン人売春婦は隣国へ流れ、代わりに次頁の〔14－3〕のように周辺国からやってきたアラブ系であるパレスチナ人、イラク人、レバノン人、シリア人などが多数活躍しています。

三番目がアジア人ですね。中東のアジア人といえば、インド人、インドネシア人、

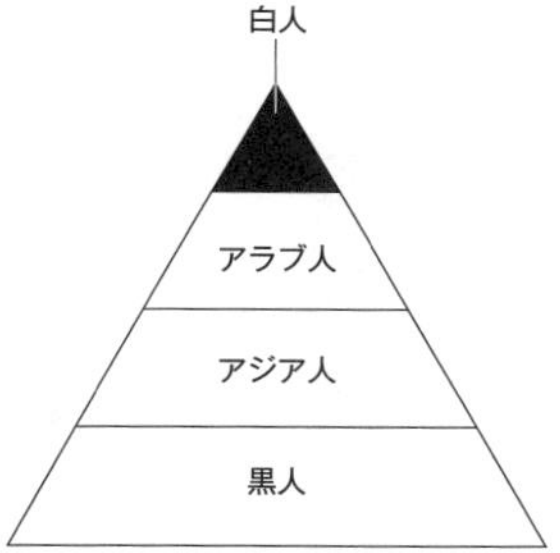

〔14－2〕中東の取材でわかった外国人売春婦の民族ヒエラルキー

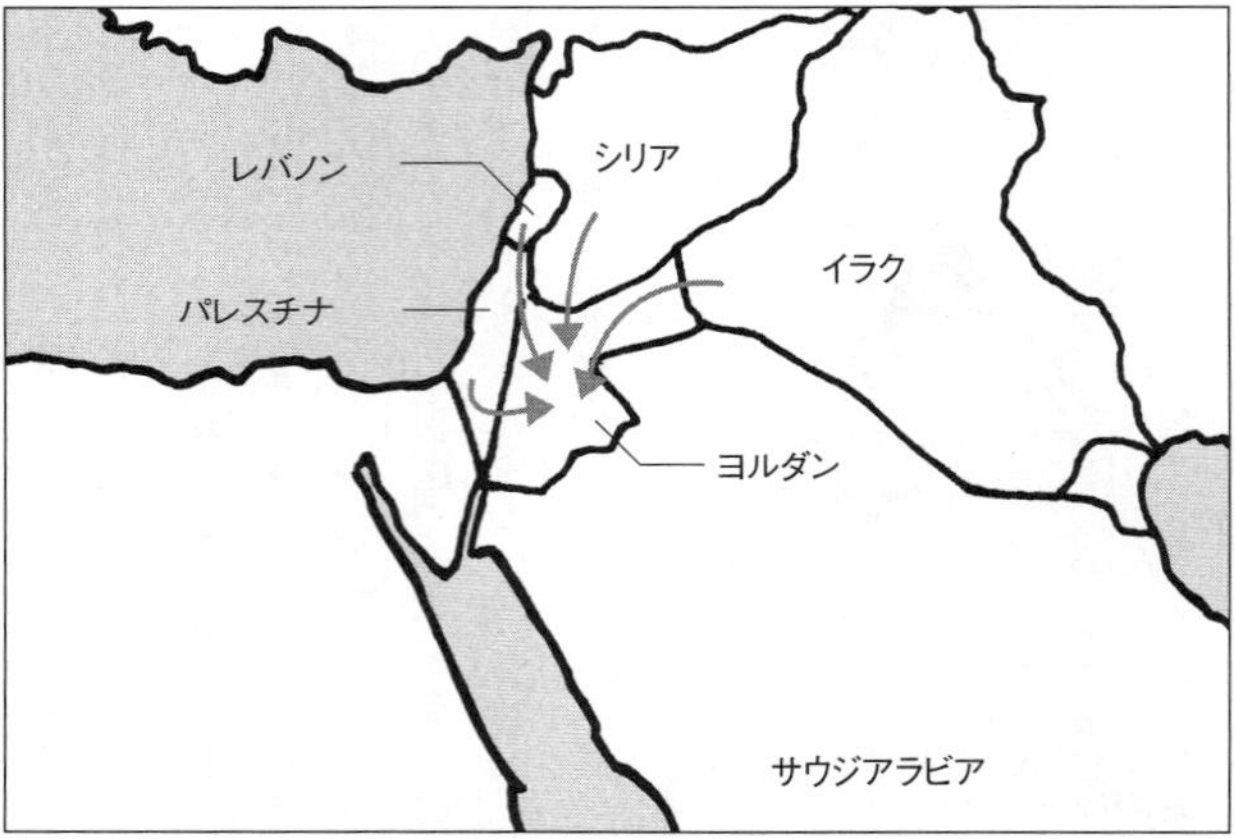

〔14－3〕ヨルダンには周辺国の売春婦がやってくる

スリランカ人、フィリピン人などです。彼女たちは売春婦としてではなく、家政婦としてやってきているのですが、そこでの給料は微々たるもので仕送りもろくにできません。そこで彼女たちは休日や、夜本業が終わった後に売春をして小遣いを稼ごうとします。ただし、中東ではアジア人女性は「家政婦」としか考えられておらず、高いお金を出してまで抱こうとする人はあまりいません。なので、貧乏な男たちによって安く買い叩《たた》かれてしまうのがオチです。

このうち、最底辺に位置するのは黒人女性ですね。中東とアフリカはご近所ですからアフリカ系移民も少なからず住んでいますし、売春婦もいます。しかし、まったくといっていいほど人気がありません。問題は肌の色ですね。中東のアラブ人には「黒い肌」というのはあまり性欲をかき立てられないようです。中東にいる黒人売春婦たちは、主に同じ黒人労働者を相手に春をひさいでいるといえるでしょう。

〈黒人ヒエラルキー〔14－4〕〉

これは、私がケニアで取材してわかった黒人ヒエラルキーです。

黒人といっても肌の色は大きく分けて二種類あります。ブラウン（茶色）とブラック（黒）です。一般的にブラックより、ブラウンの方がモテるとされています。「ブラウンの方がブラックより色白」というのがその理由です。

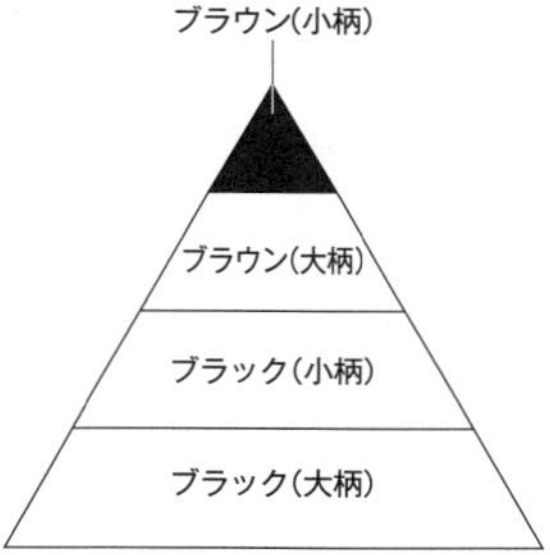

〔14－4〕ケニアの取材でわかった黒人売春婦のヒエラルキー

ブラウンの代表格はエチオピア人ですね。彼らは黒人の中でもブラウンが多く、また平均すれば日本人より体格が小柄なのです。現地の感覚でいえば「小柄な色白美人」ということになるのでしょう。そのため、アフリカにおいてエチオピア人は非常に人気があり、よその国からこぞって買春旅行にくることもあるようです。

それに次いで人気なのが、体格が大柄なブラウンですね。そして、その下に位置するのがブラック（小）、そしてブラック（大）です。つまり、「茶・小」「茶・大」「黒・小」「黒・大」ということです。

しかし、黒人の間なのに「色白」がもてはやされるのは不思議ですね。

黒人は歴史的に欧米に対して反発心をもっていますが、一方で憧《あこが》れてもいます。黒人女性たちは髪の毛をストレートに見せるために数日おきに美容院に通ったり、ドレッドヘアにして長く伸ばしたりしています。また、「色白クリーム」ともいうべき肌を白くする薬が売られており、年頃の女性に人気を博しています。そこらへんを考えると、〝白〟に対する憧憬《しょうけい》があり、それが美の条件とされていることは確かなようです。

グローバル化の中で

グローバル化の時代の中で、売春ビジネスが国境を越えて広がっていっていることはおわかりになったと思います。

一つ忘れないでいただきたいのは、このグローバル化の波は日本にも押し寄せてき

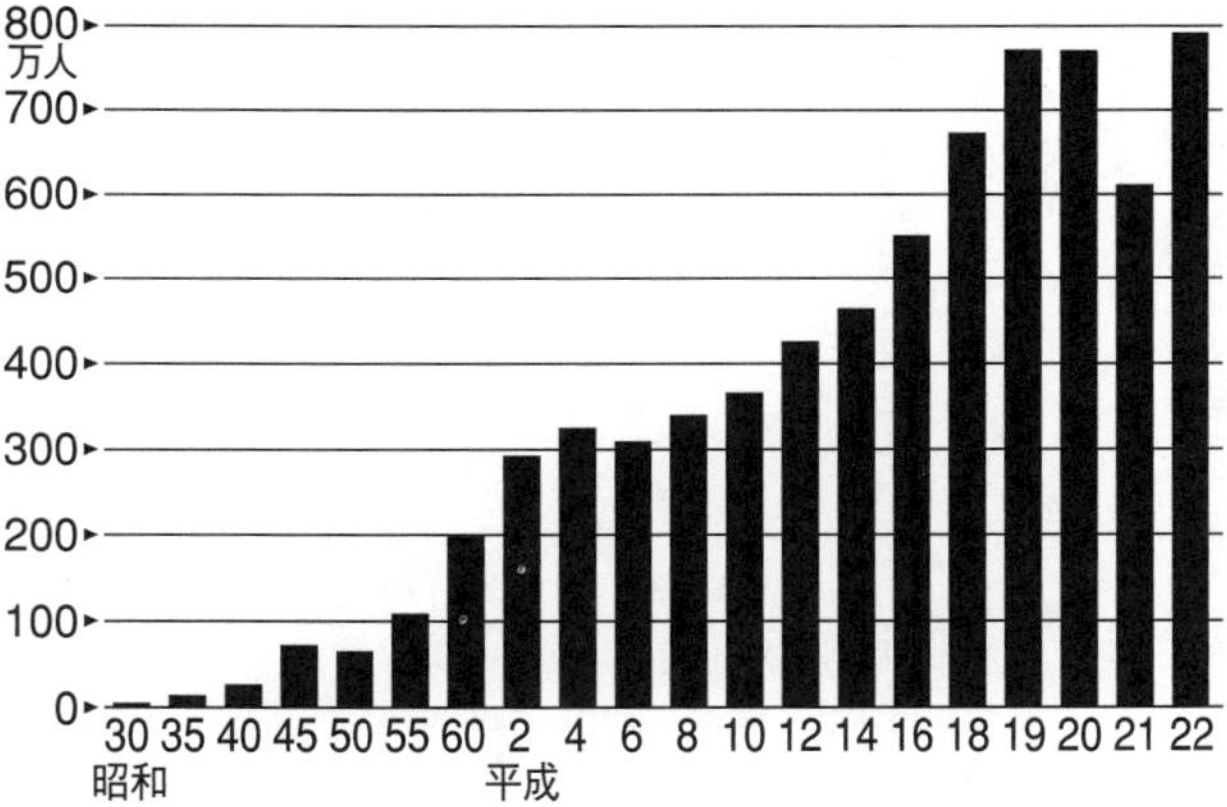

〔14－5〕新規の外国人入国者数の推移　出典：法務省入国管理局発表資料

ているということです。

近年、日本にやってくる外国人の数はどんどん増えています。〔14－5〕をご覧下さい。平成十二年には約四百三十万人だったのが、十年後の二十二年には倍増して約七百九十万人を上回っています。こうした傾向は今後ますます加速していくはずです。（平成二十一年に減っているのは韓国でリーマンショックによるウォン安が起きたためといわれています）

もちろん、このように来日する外国人の中には春をひさごうとする貧しい女性もいます。東京の繁華街へ行けば、中国人、韓国人をはじめとして、南米のペルーやブラジルやコロンビア、アフリカのナイジェリアやケニアやタンザニア、東南アジアではタイ、フィリピン、マレーシアなどありとあらゆる国からやってきた女性が夜の町で働いています。日本の売春の世界では、すでにグローバル化が一般社会より進んでいるといえなくもありません。

このような時代の中で、途上国で起きている出来事を他人事と捉《とら》えるのは安易です。たとえば、日本のエイズ発症者の十二・六パーセントが外国人というデータがあるのをご存知ですか?

このことは、途上国で起きている問題が、グローバル化の波に乗って日本にも押し寄せてきていることを示しています。海外で生まれ育った人々が現地の問題を伴って日本にやってくることで、同じ問題が日本でも発生することになるのです。よその国での出来事は決して「遠い場所で起きている無関係な事件」ではなくなってきているのです。

今まで講義で見てきたその他多くの貧困問題でも同様です。売春婦だけでなく、途上国の労働者までもが貧困から逃れるために海外へ移り住もうとします。そこには、スラムで暮らしていたような人もいれば、ストリートチルドレンから這《は》い上がってきたような人もいるでしょう。彼らは偽造パスポートで入国してきたり、密輸船に隠れてやってきたりします。

このような人々が日本に来てすぐに正規の職に就くのは困難です。そこで彼らの一部は、犯罪に手を染めるようになります。切羽詰まっていれば窃盗《せっとう》をしたり、強盗を行ったりするようになるでしょう。初めから犯罪目的で麻薬や銃をもち込むような人もいるはずです。実際、ニュースを観《み》ていれば頻繁にこうした事件が報じられていることに気がつくはずです。

たとえば、日本に不法滞在する外国人がこう言っているのをご存知ですか。

「日本は平和ボケしているから何でも盗みたい放題だ。もし母国でつかまったらその場で射殺されるけど、日本なら監獄の中でおいしいご飯まで出してもらえる」

「日本人男性はコンドームをしません。私の国じゃ、二重につけるのに。たぶん、日本人はHIVのことをまったく知らないのでしょう。でも、日本にいるアフリカ人だってアジア人だって、みんなヤバイですよ」

日本に来る外国人が全員悪いというつもりは毛頭ありません。しかし、残念なことにほんの一部の人がそういう意識で悪行に手を染めていることも事実なのです。

また、日本国内で起こることだけでなく、海外で起きることについても同じことが言えます。

世界の格差が広がれば、当然途上国の貧しい人々は裕福な外国人を妬《ねた》むようになります。どうして自分が路上で生まれ育っているのに、外国人はエアコンの効いた邸宅で優雅に暮らしているのかというように考えるようになります。

貧困者の中にはこうした恨みから、現地にいる日本人を襲おうとする人もいます。お金持ちだから盗んでもいいだろうと考えて強盗をしたり、裕福な外国人への恨みから傷害事件を起したりします。

あるいは、同じような理由から、社会（政治）事件が起きることもあるでしょう。世界では、時々日本商品への不買運動が起きたり、反日デモ（暴動）が起きたりすることがあります。中国やイラクやインドネシアなどで起きた反日デモや、日系企業への暴動などもそうした反感と無縁ではないはずです。

私たちはテレビや新聞を通じてそれを見ると、「逆恨みだ」とか「政府に踊らされているだけだ」と考えがちです。しかし、もし立場が反対だったら、はたしてそう言い切ることができるでしょうか。裕福な日本に労働力や資源を安く買い叩かれ、苦汁を舐《な》めさせられつづけていたら、いつか怒りを爆発させるのは当たり前ではないでしょうか。

ここからいえるのは、いまはもう途上国の貧困問題を「遠い国の出来事」として片づけられる時代ではないということです。良い意味でも悪い意味でも、途上国で起きていることは、そのまま私たちの安全や経済や政治に影響を与えるのです。それがグローバリゼーションということなのです。

今後、世界のグローバル化はますます加速していくはずです。その時に大切になるのは、海外での出来事を自分たちのこととして考えることです。「遠い国の出来事」として見て見ぬふりをするのではなく、我が身に降りかかってくる問題として受け止め、行動をしていくことです。それが、これからの時代を生きる私たちの義務なのです。

ただ、そのためには海外の貧困地域の生活や、現地で起きている問題がどういうものかということを知らなければなりません。それを学んで初めてさらに先のことを考えられるようになるのです。

これまで私は「世界リアル貧困学講義」と題して全十四回にわたって海外の暮らしや問題について述べてきましたが、ここでの話がそうしたことを考える手助けとなればいいなと思っています。海外で起きている出来事を我が身のこととして考えるためのきっかけや材料になればと願っているのです。

逆にいえば、この講義はあくまでもきっかけや材料にすぎません。それを手に入れた上で、問題をどう考え、何をしていくのかということは、みなさん一人一人の選択です。「こうするべき」という決まりはありません。あるのは、みなさんそれぞれが抱く「こうしたい」という思いだけです。私としては、できる範囲の中で、勇気を出し、その思いに忠実に動いていただきたいと思っています。

そのことだけ申し上げて、この講義を終わりにしたいと思います。長い間、ご清聴ありがとうございました。

講義のおわりに

「世界リアル貧困学講義」は、いかがでしたでしょうか。

おそらくこれまで聞いたこともない話がたくさんあったと思います。胸が苦しくなるほど悲惨な現実も、思わず笑ってしまいそうな体験も、エッと驚くような事実も含まれていたはずです。

貧困地域では、日本にいては想像もできない多彩な光景が繰り広げられています。この講義を通して、少しでもそういう世界に触れていただけたのだとしたら幸せです。

最後に一つだけ申し上げたいことがあります。読者のみなさんは、「貧困学」という言葉を初めて聞いたと思います。実は、貧困学という言葉は、ここで私が新たに考案したものなのです。

通常、大学などで途上国の貧困を研究したいと思った時、国際関係学の一分野である国際開発論を勉強することになります。あるいは、国際経済学だとか、国際社会学といった領域からその道に入る方もいらっしゃるでしょう。これらの研究は貧困地域の様々な問題を見直し、どうすれば発展していけるかを考えるものです。たとえば、スラムの失業率や乳児死亡率を算出した上で、その数値を下げるにはどういう政策をとればいいか検討していきます。大きな視点で、最大公約数的に貧困問題をピックアップし、解決する政策を考案していくのです。

ただ、実際に貧困地域に暮らす人々が、かならずしもそうした最大公約数的な問題や理論に当てはまるとは限りません。彼らが日常的に直面し、重要だと思っているのは、もっと小さく細かいことなのです。たとえば、物乞いをする際に誰が赤子を貸してくれるのか、恋人とどこでセックスをすればいいのか、どの産婆《さんば》の腕がいいかといった統計には表れないことです。それこそが世界最貧民の目線で見える問題なのです。

私は貧困問題を考える時、両方の視点をもつことが大切だと思っています。国際開発論のように最大公約数としての統計をだし、問題解決の糸口をつかむことは重要です。ただ、それに加えて、現地で生きる人々の目線で個々が生活の中で抱えている小さな問題をまとめる研究分野があってもいいと思うのです。どちらか一方からだけではなく、双方の視点から考えることができれば、より広くて深い所から、貧困問題というものを浮き彫りにすることができますし、そこで生きる人々の利益にもつながると思うのです。そして、私は後者に当たる部分を、新たに「貧困学」と呼んでいるのです。

もちろん、貧困地区に生きる人々の生活に密着し、それをまとめていくのは容易なことではありません。大きな危険だってあるでしょう。しかし、誰かが少しずつつみ重ねていかなければ、貧困問題を捉《とら》える視点はいつまでも限られたものになってしまいます。私はこれからも、ひとつでも多くの視点を提供するために、貧困学というものをつくっていきたいと考えていますし、みなさんの中からそうしたことに関心をもって下さる人がでてきてくれたらいいなと思っています。

二〇〇九年一月

文庫版あとがき

早いもので、本書の単行本を刊行してから二年が経《た》ちました。その間、私は様々な大学や組織に招かれ、「貧困学」の講義や講演を行ってきました。

貧困学について語るとき、私はできるだけみなさんにたくさんの視点を投げかけるよう心がけています。「救うべきかわいそうな貧困者」という画一的な視点ではなく、様々な人がいて、様々な日常があり、様々な感情があるということをお話するように心掛けているのです。

拙著で書いたのも、そうした多くの視点から見える現実でした。スラムに生きる人たちだって用を足しますし、恋愛だってしますし、セックスだってします。もちろん、離婚だって浮気だって出産だって。画一的な視点では見えてこない、こうした「あたりまえの現実」を、より多くの視点から示したいと思ったのです。

講義や講演に参加していただいた方の中には、次のような質問をしてくる方が少なくありませんでした。

「世界の現実を知り、呆然《ぼうぜん》としています。私はどうすればいいのでしょう?」

何かをしたいのだけど、どうしていいのかわからない。それで道標を求めてきたのです。

そんな時、私は本書の最後で書いたのと同じことを答えるようにしています。つまり、こう返答するのです。

「それはご自身で決めることではないでしょうか」

突き放しているわけではありません。もし私が答えを出してしまったら、その方は私の見方でしか物事を考えられなくなってしまうのです。

私が願っているのは、みなさんがそれぞれの視点で、やりたいことを見つけてくださることです。トイレの問題を見つめることでスラムにトイレをつくろうと考えてもいいでしょうし、旅行先でストリートチルドレンを見つけたときにお菓子をあげようと思うことでもいいでしょう。あるいは、知ろうとする努力をするということだけでもいいと思います。

はっきりと申し上げたいのは、答えは一つではないということです。みなさん一人一人が感じ、考えたことがすべて正解であり、それは無限大にあるのです。

これは、私自身にも当てはまります。私は自分にやれることとは何かと考えたとき、政治運動をすることでも、研究をすることでもありませんでした。ルポルタージュという方法でいろんな視点を形にしたい。そう思ったのです。だからこそ、今こうして作家という仕事に就き、本を書いたり、講演をしたりしているのです。

私は、百人いたら百人がそれぞれの答えを持ち、問題に向かうことが理想だと思っています。それらが合わさってはじめて、物事が前に動いていく動力となるのです。そういう意識で、みなさんがこの小さな本を切っ掛けにして、自分なりの答えを見出《みいだ》していただければ幸いです。

ところで、これを書いているのは、二〇一一年の三月、東日本大震災の起きた月です。実は震災の直後から被災地に入り、取材をつづけているのですが、今ほど個々の視点が必要だと思ったことはありません。

社会は一様に「復興」を望んでいますが、お年寄りの中には復興が急激に進むことで半壊した自分の家が取り壊されてしまうことを恐れている人がいます。避難所で暮らす女子学生の中には、人前で下着を洗うことを恥じ、夜中に真っ暗な公園で一人で洗っている人もいます。また、遺体を探している消防団のなかには、気が滅入《めい》ってしまい夜逃げをしてしまった人もいます。

物事はかならずしも一つの視点だけで捉えきれるものではありません。特に、貧困や災害といった極限状態にあればあるほど、多くの視点で物事を考え、向き合っていくことが重要になってきます。私たちは画一的に動くのではなく、あらゆる人々の存在を認め、個々がそれぞれ何ができるかを考えていかなくてはならないのです。「世界リアル貧困学講義」は決して海外の貧困問題だけを考えるためにあるものではありません。翻《ひるがえ》ってそこから日本で起きている、あるいはあなたの身の回りで起きている物事について考えるための参考にしていただくものなのです。そういう多面的な形で、この本が利用されることを、私は願っています。

二〇一一年三月

左記のウェブサイトでは、本書で紹介し切れなかった写真や逸話を掲載しています。ぜひご覧下さい。
また、随時ご感想もお待ちしています。
石井光太公式ＨＰ　http://www.kotaism.com
同メールアドレス　postmaster@kotaism.com

本書は平成二十一年三月、光文社より刊行された。

一橋文哉著
三億円事件
戦後最大の完全犯罪「三億円事件」。焼け焦げた500円札を手掛かりに始まった執念の取材は、ついに海を渡る。真犯人の正体は？

河合香織著
セックスボランティア
障害者にも性欲はある。介助の現場で取材を重ねる著者は、彼らの愛と性の多難な実態を目撃する。タブーに挑むルポルタージュ。

「新潮45」編集部編
凶悪
―ある死刑囚の告発―
警察にも気づかれず人を殺し、金に替える男がいる――。証言に信憑性はあるが、告発者も殺人者だった！ 白熱のノンフィクション。

豊田正義著
消された一家
―北九州・連続監禁殺人事件―
監禁虐待による恐怖支配で、家族同士に殺し合いをさせる――史上最悪の残虐事件を徹底的に取材した渾身の犯罪ノンフィクション。

森 功著
黒い看護婦
―福岡四人組保険金連続殺人―
悪女〈ワル〉たちは、金のために身近な人々を脅し、騙し、そして殺した。何が女たちを犯罪へと駆り立てたのか。傑作ドキュメント。

福田ますみ著
でっちあげ
―福岡「殺人教師」事件の真相―
新潮ドキュメント賞受賞
史上最悪の殺人教師と報じられた体罰事件は、後に、児童両親によるでっちあげであることが明らかになる。傑作ノンフィクション。

新潮文庫最新刊

原田マハ・大沼紀子
千早茜・窪美澄
柴門ふみ・三浦しをん
瀧羽麻子 著

恋の聖地
—そこは、最後の恋に出会う場所。—

そこは、しあわせを求め彷徨う心を、そっと包み込んでくれる。「恋人の聖地」を舞台に7人の作家が紡ぐ、至福の恋愛アンソロジー。

篠原美季 著

よろず一夜のミステリー
—土の秘法—

「よろいち」のアイドル・希美が誘拐された。人気ゲームの「ゾンビ」復活のため「女神」として狙われたらしい。救出できるか、恵!?

早見俊 著

白銀の野望
—やったる侍涼之進奮闘剣3—

やったる侍涼之進、京の都で大暴れ! ついに幕府を揺るがす秘密が明らかに?! 風雲急を告げる痛快シリーズ第三弾。文庫書下ろし。

吉川英治 著

三国志(七)
—望蜀の巻—

赤壁で勝利した呉と劉備は、荊州をめぐり対立。大敗した曹操も再起し領土を拡げ、三者の覇権争いは激化する。逆転と義勇の第七巻。

吉川英治 著

宮本武蔵(五)

吉岡一門との死闘で若き少年を斬り捨てた己に惑う武蔵。さらに、恋心滾るあまり、お通に逃げられてしまい……邂逅と別離の第五巻。

河合隼雄 著

こころの最終講義

「物語」を読み解き、日本人のこころの在り処に深く鋭く迫る河合隼雄の眼……伝説の京都大学退官記念講義を収録した貴重な講義録。

絶《ぜっ》対《たい》貧《ひん》困《こん》

—世界リアル貧困学講義—

新潮文庫　　い-99-2

平成二十三年七月一日発行
平成二十五年六月五日七刷

著者　石《いし》井《い》光《こう》太《た》

発行者　佐藤隆信

発行所　株式会社新潮社
郵便番号　一六二—八七一一
東京都新宿区矢来町七一
電話　編集部(〇三)三二六六—五四四〇
　　　読者係(〇三)三二六六—五一一一
http://www.shinchosha.co.jp

価格はカバーに表示してあります。

乱丁・落丁本は、ご面倒ですが小社読者係宛ご送付ください。送料小社負担にてお取替えいたします。

印刷・三晃印刷株式会社　製本・株式会社植木製本所

ISBN978-4-10-132532-3 C0195